AF462456

LE

POÈTE FORTUNAT

PARIS. — IMP. GAUTHIER-VILLARS ET FILS,
55, quai des Grands-Augustins, 55.

LE

POÈTE FORTUNAT

PAR

CHARLES NISARD,

de l'Institut.

PARIS,
H. CHAMPION, LIBRAIRE
9, QUAI VOLTAIRE, 9

1890

PRÉFACE

La biographie de Charles Nisard est presque tout entière dans la liste de ses ouvrages, qui marquent les étapes de sa laborieuse carrière. Les modestes emplois publics qu'il a occupés ne l'ont jamais détourné de ses travaux littéraires et ont même parfois fourni un nouvel aliment à l'activité de son esprit. C'est ainsi qu'il a trouvé, dans son passage à la Bibliothèque du Ministère de l'Intérieur et à la Commission du colportage, les matériaux de deux de ses ouvrages les plus connus et les plus piquants, l'histoire des *Livres populaires* et celle des *Chansons populaires*.

Le grand événement, et l'on peut dire le grand bonheur de sa vie fut son admission, comme membre libre, à l'Académie des Inscriptions et Belles-Lettres. Il s'y présenta sous le patronage d'un des membres les plus éminents de cette compagnie, M. de Longpérier, qui faisait le plus grand cas de son caractère et de son talent. Il y conquit bien vite l'affection d'un grand nombre de ses confrères et l'estime de tous. On trouverait, au besoin, le témoignage des sentiments qu'il leur inspirait dans le discours ému que M. Barbier de Meynard a prononcé [1] à l'occasion de sa mort. « La

[1] Séance du 19 juillet 1889.

mémoire de Charles Nisard, disait le Président de l'Académie, restera parmi nous chère et vénérée. Pendant tout le cours de sa longue existence, il a soutenu vaillamment l'honneur de son nom, d'un nom qui ne réveille que de glorieux souvenirs, qui ne rappelle et n'enseigne que le culte désintéressé des lettres, l'amour du beau et du bien, la dignité dans la vie et dans le travail. »

On lira plus loin la liste que nous croyons complète, et par ordre de dates, de ses publications. Dans sa sécheresse, ce document bibliographique a son éloquence. Il est le résumé d'un demi-siècle de travaux poursuivis sans interruption et sans défaillance, et dans des sens très divers. On y verra, notamment, la grande part qu'il a eue dans la traduction des auteurs latins, publiée sous la direction de Désiré Nisard, son illustre aîné, par la maison Didot. Mais ce ne fut là pour lui qu'une préparation à des travaux plus personnels. Esprit curieux et investigateur, il était surtout attiré par les points obscurs de l'histoire littéraire; il se plaisait aux recherches patientes et à la solution des problèmes inexpliqués. C'est sous l'empire de ces idées qu'il étudia et qu'il éclaira, par une critique savante et judicieuse, les œuvres ignorées, ou tout au moins fort oubliées, des grands érudits et des fougueux polémistes de la Renaissance. *Le Triumvirat littéraire* et *les Gladiateurs de la République des lettres* présentent le tableau vivant, animé, dramatique même de cette grande époque littéraire. Ce sont ses deux œuvres les plus fortes, et elles ont été son meilleur titre aux suffrages de l'Académie.

La même tournure d'esprit se fait remarquer dans ses études sur la langue française. Les *Curiosités de l'Étymologie*, les *Parisianismes*, son *Essai sur le Patois de Paris* sont les tentatives d'un explorateur tenace, habile et heureux. Dans le dernier de ces ouvrages, il expose et développe, avec un grand attrait et une grande abondance de preuves, une théorie qui a paru aussi ingénieuse que nouvelle. Il y montre l'influence que les provinces environnantes ont eue sur la formation du langage populaire parisien; il y fait le compte des expressions, des tours de phrases, des mots pittoresques et imagés que les commerçants de la Normandie, de la Picardie, de la Bourgogne introduisaient, en même temps que leurs denrées, dans la capitale, et qui, partant des ports et des marchés, se répandaient et s'infiltraient, pour ainsi dire, peu à peu dans toute la ville. On y voit comment Paris, dans son appétit insatiable, absorbait et s'assimilait, non seulement les produits comestibles et combustibles, mais aussi les locutions de ses fournisseurs provinciaux. C'est, en somme, un chapitre aussi neuf qu'intéressant de l'histoire de la grande ville.

Il nous reste à dire quelques mots du

présent volume dans lequel on a groupé divers morceaux philologiques, littéraires et historiques sur le poète Fortunat et sa royale correspondante, sainte Radegonde. Tous ceux qui ont connu et aimé Charles Nisard, tous ceux qui ont goûté et recherché ses écrits seront heureux de voir ces feuillets épars réunis sous la forme durable du livre.

Ce fut avec un mélange d'appréhension et de joie que Charles Nisard accepta la mission de traduire les poésies de Fortunat. Il craignait que son âge, déjà fort avancé, ne lui permît pas de mener à bien cette œuvre de longue haleine. Mais c'était, en même temps, un vif plaisir pour lui que de revenir, à la fin de sa vie, aux travaux de sa jeunesse et d'ajouter un volume de plus à la belle collection des auteurs latins dont le nom de Nisard est et restera inséparable.

Ce n'était pas non plus un médiocre attrait pour lui que d'avoir à lutter contre un auteur qui n'avait pas encore été traduit et que l'on considérait même comme intraduisible. Loin d'être arrêté par la réputation d'obscurité qui avait de tout temps accompagné Fortunat, il se sentait, au contraire, attiré par la difficulté même de l'entreprise. Comme Œdipe, il aborda courageusement ce sphinx dont il réussit à déchiffrer les énigmes. C'est qu'en effet, il était ce qu'on appelait autrefois un « grand latin ». Il possédait et il aimait cette langue jusque dans ses déviations, ses difformités, ses verrues. Il avait commencé à l'étudier dans ses classiques et il ne lui déplaisait pas de la retrouver, si défigurée qu'elle fût, au milieu des ténèbres du Moyen Age.

Les études qui forment ce volume sont nées de son long commerce avec le poète mérovingien. Elles mettent en lumière l'écrivain, l'homme, le prélat, ses habitudes de vie, ses relations, ses amitiés. Elles pourraient être intitulées, si ce titre ne paraissait pas trop ambitieux : *Fortunat et son temps*. Ce sont les dernières lignes que Charles Nisard ait écrites, et elles peuvent prendre place parmi les meilleures. Son savoir s'y affirme, avec la réserve qui lui était habituelle, mais avec une indiscutable autorité, dans les questions de texte et de langue. En même temps, le tour aisé du style, la délicatesse de l'expression montrent qu'il n'avait jamais été plus le maître de sa plume et de sa pensée. Un de ces chapitres, dont il donna lecture dans une séance publique des cinq Académies, y fut reçu avec de vifs applaudissements, et fit même quelque bruit en dehors du monde académique. Certains journaux en parlèrent comme d'un événement parisien. C'est à cette occasion qu'il écrivait à un de ses amis ces mots qui, sous une forme enjouée, ne sont pas exempts de tristesse : « Je commence à percer, il est temps! (1) »

(1) Lettre du 8 février 1889.

Charles Nisard n'a pas, en effet, obtenu de ses contemporains toute la justice qui lui était due. Il n'en éprouvait ni étonnement ni indignation. Il savait que, dans ce mouvement qui entraîne de plus en plus notre temps vers ce que son frère appelait un jour la littérature facile, les amants d'une muse plus sévère n'ont rien à attendre de l'*aura popularis,* et des avantages matériels qui l'accompagnent. Il en avait pris depuis longtemps son parti. Mais il y a, Dieu merci! et il y aura toujours en France des esprits capables de goûter les ouvrages où l'érudition, dépouillée de tout pédantisme, se présente avec agrément et bonne grâce. A ce double titre, ce petit livre obtiendra certainement leurs suffrages. S'il apporte comme un regain de notoriété et de faveur au nom de Fortunat, il n'aura pas été non plus inutile à celui de son commentateur et de son historien.

Ernest Boysse.

LE POÈTE FORTUNAT

CHAPITRE I.

FORTUNAT; SES CRITIQUES, SES PANÉGYRISTES, SES ÉDITEURS.

Un assez grand nombre d'auteurs ont parlé de Fortunat, et presque tous, les plus anciens principalement, avec des éloges qui passent la mesure. Mettons à part Grégoire de Tours, son correspondant et son ami, qui le pressa vivement de publier ses poésies; car, s'il est vrai que l'évêque les ait admirées, le poète ne dit pas précisément en quels termes Grégoire lui témoignait son admiration, il se borne à protester contre la bonne opinion que son illustre ami a de son mérite, et à se défendre, tout en y obéissant, contre des encouragements qui tentaient sa faiblesse, mais qu'il regardait comme des ordres (1). C'est ainsi, par exemple, que, pour le contenter, il fit des vers saphiques, lesquels ne manquèrent pas, comme toute poésie exécutée à commandement, d'être mauvais (2).

On se rend mieux compte des louanges qu'il recevait de la reine Radegonde, fondatrice et simple religieuse du couvent de Sainte-Croix de Poitiers, et d'Agnès, abbesse de cette communauté. Il y est souvent fait allusion dans ses poésies. Sortant de la bouche de deux personnes aussi considérables par leurs dignités, leur caractère, leur esprit et leur savoir, ces louanges, souvent décochées, pour ainsi dire, à

(1) Livre Ier, prologue.
(2) Livre IX, pièce 7.

brûle-pourpoint, ne laissaient pas que de mettre quelquefois à des épreuves fort délicates la modestie, d'ailleurs très réelle, de notre poète. Nous voyons de plus, dans plusieurs de ses poèmes adressés à de puissants personnages de la cour et du gouvernement de Sigebert et de son fils, en quelle estime singulière il était auprès d'eux, et quels efforts il faisait pour se diminuer, pour rabattre quelque chose de leurs compliments, encore qu'il y entrât, sans qu'il s'en aperçût peut-être, force eau bénite de cour.

Les jugements des contemporains ne sont pas définitifs; il en est peu qui ne soient sujets à revision. Il s'en doutait probablement et, par la manière dont il réagissait contre les éloges, il semblait prévoir le sort qui les attendait un jour à venir. Il ne se trompait pas tout à fait. La postérité commença pour lui un siècle environ après sa mort, et ce fut Paul Diacre qui lui en ouvrit les portes. Grâce à cet introducteur, qui n'avait rien négligé pour tirer au clair son état civil assez embrouillé, et en qui commence la série de ses apologistes [1], la postérité ne montra pas seulement au poète la même faveur que celle dont il avait joui de son vivant, mais, à partir de là jusqu'aux vingt-cinq premières années du XVIIe siècle, elle prit et conserva l'habitude de parler de lui comme elle eût fait d'un modèle en toutes sortes de poésies.

Après Paul Diacre viennent Hincmar [2], Flodoard [3], Aimoin [4], Sigebert de Gemblours [5] et Tritheim [6]. Tous, en plus ou moins de paroles, tiennent un langage qui est comme un écho multiple, d'autant plus

(1) *De Gestis Longob.*, L. II, c. XIII.
(2) *Vita S. Remigii, præfatio*, n° 2.
(3) *Hist. Rhem. eccles.*, L. II, c. II.
(4) *Hist. Franc.*, L. III, c. XIII.
(5) *De Script. eccles.*, c. XLV.
(6) *De Script. eccles.*, au mot *Fortunatus*.

fidèle qu'il a moins de sons à répercuter. Parmi ces distributeurs d'encens, il en est à qui il semble monter à la tête, en même temps qu'ils le dispensent à l'idole. Au commencement du XVIe siècle, si l'on en croit Pierre Crinito, Fortunat aurait été mis au rang des auteurs classiques, ses hymnes étant en très haute recommandation auprès des grammairiens d'Italie de cette époque (1), et expliquées dans les classes. Comment croire qu'un poète coupable de tant d'infractions à la grammaire latine ait eu un pareil crédit parmi ceux qui étaient chargés de l'enseigner ? Selon Jérôme Bologni, poète trévisan (2), Apollon et les Muses sourirent à la naissance de Fortunat, et le douèrent de telle sorte

(1) *Vitæ poet. latin.*, L. V.

(2) Ses poésies inédites en vingt Livres étaient, au rapport de Luchi, conservées à Venise dans la famille Soderini. Voyez les *Testimonia* sur Fortunat, édition de Luchi, dans Migne, tome LXXXVIII, col. 56.

que « ses hymnes pindaresques et célestes devaient rendre modeste le poète de Vénouze ». Voilà Horace bien accommodé. Mais Bologni a raison de louer Fortunat d'être resté pur, et de n'avoir chanté « ni les exploits des forbans, ni les turpitudes des débauchés. » Sa muse, en effet, si muse il y a, est d'une honnêteté et d'une chasteté irréprochables.

Gaspar Barthius, ou Barth, est le premier qui ait mêlé un peu de critique à ces éloges (1). On sent avec lui qu'on entre dans le XVIIe siècle. Il remarque que, né dans des temps barbares et ennemis de toute science, Fortunat, avec toute la force de son esprit, a plus corrompu la langue que tout autre moins favorisé que lui de la nature. On ne pouvait mieux dire. Toutefois, cette critique est comme noyée

(1) *Adversaria*, L. XLVI, c. III; édition de 1624.

dans les louanges, et l'on se trouve à la fin en présence d'un poète d'un savoir encyclopédique. Dupin ([1]) accorde qu'il approche des poètes d'un meilleur temps que le sien, « non pas, ajoute-t-il, par la pureté des expressions, ni par la beauté des vers, mais par le tour poétique et la facilité merveilleuse avec laquelle il écrit en vers. » Tout cela n'est que jeu de mots. Qui dit pur dit clair, pour le moins, et l'on tâtonne sans cesse dans les obscurités de Fortunat, et l'on s'y perd souvent. Parler après cela de sa merveilleuse facilité, c'est comme si l'on disait de Virgile et d'Ovide qu'ils sentent l'effort. Dom Ceillier ([2]) loue par-dessus tout la piété de Fortunat, qui était grande, en effet, et dont les témoignages abondent dans toutes ses œuvres poétiques; mais c'est faire comme Simo-

([1]) *Biblioth. des auteurs ecclés.*, t. V.
([2]) *Hist. des auteurs sacrés*, t. XVII, p. 84 et suiv.

nide, et détourner sur l'esprit dont ces œuvres sont pénétrées, l'hommage qu'elles lui semblaient ne point mériter d'ailleurs. Dom Ceillier se montre, en effet, assez froid pour la poésie de Fortunat, et se raille même un peu de ceux qui l'ont si fort exaltée. Cependant, l'analyse suffisamment détaillée qu'il donne des pièces dont se compose chaque livre du Recueil de notre poète prouve du moins qu'il l'a lu; ce qu'on ne saurait assurer de pas un des critiques, ses prédécesseurs.

Dans une monographie de Fortunat, fort longue, fort érudite et très piquante, mais un peu romanesque en ce qui touche la naissance, la famille et la patrie du poète, Liruti (1) est si occupé à combattre les opinions confuses, mais reçues de son temps, sur ces diverses circonstances et

(1) *Notizie della vita... dei letterati del Friuli*, t. I, p. 132 et suiv., 1760, in-4°.

sur quelques autres encore, qu'il n'a guère le loisir de s'engager dans un examen sérieux du talent poétique de son auteur, et que les éloges qu'il lui décerne par occasion ne permettent pas qu'on le déclare lui-même un apologiste de parti pris. Il paraît assez, comme Dom Ceillier, avoir lu Fortunat; il y trouve également matière à quelques critiques, mais elles n'ont pas le même poids.

De nos jours, Fortunat a été le sujet de quelques études plus ou moins étendues; mais la méthode et le caractère en sont plus relevés que les ébauches dont on vient de parler, et l'intérêt qu'on y prend est autrement vif. Trois écrivains d'un talent supérieur, Augustin Thierry, Ampère et Montalembert s'y font principalement remarquer (1).

(1) Je ne parle pas de feu Victor Leclerc qui a fait

Augustin Thierry n'a guère lu dans les poésies de Fortunat que ce qui se rapporte à Radegonde, aux infortunes et au courage extraordinaire de cette princesse, et à l'aimable familiarité dans laquelle elle vivait avec un poète qu'elle aurait eu le droit d'appeler le sien, tant il l'a célébrée. Il y a aussi, chemin faisant, recueilli maints passages ayant trait aux mœurs de Fortunat sur qui celles des barbares avaient en partie déteint, et qui, de l'écolier instruit et studieux des écoles de Ravenne avaient fait une manière d'épicurien franc ou germain, toujours attiré vers les plaisirs

un article sur Fortunat, où il le juge, ainsi que les autres poètes chrétiens de cette époque, avec une indulgence qui tient plus de la tendresse que de l'impartialité. Il a même traduit une pièce de notre poète, où il s'est plus appliqué à être élégant que fidèle, et où il paraît même n'avoir pas entendu son texte. Cet article est dans le *Répertoire de la littérature ancienne et moderne*, t. XIV, p. 198 et suiv.

de la table, et victime quelquefois de ses excès (¹). Mais, au lieu d'insister sur ce vice et d'y trouver matière à de faciles railleries, il se borne à le constater avec délicatesse et même avec grâce, en philosophe indulgent et non pas en censeur austère. C'est ce qu'Ampère qualifie d'optimisme et qu'il relève dans Augustin Thierry avec plus de politesse que d'équité (²). Quant à la valeur de Fortunat comme poète, Augustin Thierry ne paraît pas s'en inquiéter; il s'en tient à ce qu'on peut tirer de ses poésies de bon pour l'histoire, et il s'applique à le démontrer, au moins en tout ce qui convient au sujet qu'il traite. On admire dans le savant historien avec quel discernement il a choisi ses citations, avec quel art il les a dis-

(¹) *Récits mérovingiens*, Ve Récit.
(²) *Histoire littéraire de la France*, t. II, ch. XII, p. 312 et suiv. de l'édition de 1839.

posées. Cet art rappelle assez celui des prédicateurs qui prodiguent les citations de l'Écriture sainte, et savent si bien les ajuster à leur texte qu'elles semblent y avoir leur place naturelle, l'Écriture jusque-là n'en ayant eu que le dépôt. C'est cette habile disposition qui donne un peu l'air de roman aux charmants récits de l'historien, qui caractérise sa méthode et qui exerce sur le lecteur une si grande séduction.

Ampère paraît avoir vu Fortunat de plus près, sans pourtant l'avoir vu assez pour affirmer qu'il le connaît bien (1). L'homme ne lui inspire pas de sympathie, quoiqu'il soit très capable d'en inspirer; mais il est de ceux dont la vie se prête davantage à une critique spirituelle et amusante, et très propre par conséquent à

(1) *Histoire littéraire de la France*, t. II, ch. XII, p. 312 et suiv. de l'édition de 1839.

donner de l'attrait à des leçons publiques dont il serait l'objet. Par là, il devenait plus intéressant aux yeux d'un professeur que d'un historien. Aussi, tout en rendant hommage aux qualités de Fortunat, Ampère est au fond très sévère, je ne dirai pas pour les mérites du poète qui n'ont pas plus à gagner aux éloges qu'à perdre à la critique, mais pour l'homme privé sujet à de mauvaises habitudes, comme par exemple la flatterie à outrance, et des infractions à la sobriété, plus propres, dit-il, à un barbare sensuel qu'à un épicurien délicat; sur ce dernier point, surtout, il répudie l'indulgence qu'Augustin Thierry a montrée. Il y a du vrai sans doute dans cette appréciation d'Ampère. Mais pourquoi ne pas mettre au compte du temps, comme la vérité l'y obligeait, la plus grosse part de ces défauts qu'Ampère paraît un peu trop attribuer à de mauvais penchants innés? Pour ce qui est de ces défaillances morales, entre autres l'abus de la flatterie, qu'Ampère reproche à Fortunat, à quel art autre que la flatterie le poète eût-il pu demander main-forte pour vivre en sûreté avec les puissants personnages dont la protection était si nécessaire à lui étranger, et dont l'orgueil, ou se fût offensé de louanges médiocres, ou n'eût rien compris aux louanges raffinées; avec ces rois francs ou germains qui se trahissaient et s'égorgeaient les uns les autres et qu'il n'eût pas été prudent d'avertir, encore moins de réprimander? Fortunat n'avait point cet art; il était à la fois bon et naïf, et, n'ayant jamais fait le mal dans une société où l'on ne s'en gênait guère, il pouvait croire que, par l'excès de ses flatteries, il empêcherait qu'on ne lui en fît à lui-même. Toute sa politique consistait donc à ménager les partis et à avoir des casaques de rechange au cas où il y aurait eu péril pour lui à porter toujours la même. Quant aux infractions du poète à la sobriété, lesquelles, d'ailleurs, il avoue avec candeur, elles ont fourni à Ampère l'occasion de montrer beaucoup d'esprit aux dépens du pécheur trop expansif, et cela en présence d'un auditoire dont les plaisanteries sur les personnes et leurs infirmités ridicules ne manquent guère d'exciter le rire et les applaudissements. A cet égard, il doit quelque reconnaissance à Fortunat.

En écrivant la vie si dramatique et si touchante de sainte Radegonde, dans les *Moines d'Occident* (1), Montalembert rencontre naturellement Fortunat sur son chemin. Il lui emprunte quelques passages relatifs aux terribles catastrophes qui ont

(1) T. II, p. 345 et suiv., 4e édit., in-12, 1868.

forcé cette reine à se réfugier dans le cloître, et dispersé les restes de sa famille échappés au fer des Francs. Il dit quelques mots des billets familiers de Fortunat à la sainte recluse du monastère de Sainte-Croix de Poitiers, et à l'abbesse Agnès; il rappelle les soins vigilants et gracieux dont elles l'entouraient, et, en bornant là ce qu'il ne pouvait s'empêcher de dire pour les besoins de son sujet, il montre assez qu'il a négligé de lire ce qui ne s'y rapportait pas, c'est-à-dire plus des trois quarts des poésies mêlées de Fortunat. Il y a tout au plus jeté un coup d'œil, suffisant toutefois pour lui faire trouver à redire aux souvenirs classiques que Fortunat introduit souvent dans des vers tout remplis des témoignages de sa foi catholique. D'ailleurs, à l'exemple d'Ampère et d'autres encore qui ne se sont pas mis en peine de prouver cette assertion, il croit Fortunat auteur de deux pièces [1] « où, dit-il, il fait parler Radegonde dans des vers où respire le sentiment d'une véritable poésie, d'une poésie toute germanique de ton et d'inspiration. » Mais Radegonde elle-même faisait des vers, « des grands et des petits », comme le dit Fortunat, et ces vers, de l'aveu de notre poète, étaient excellents [2]. Pourquoi donc n'aurait-elle pas fait ceux qu'on persiste à donner à Fortunat? Tout ce qu'on pourrait dire, c'est qu'il les a revus et un peu chargés de sa rhétorique. On penserait, en effet, le reconnaître à certains traits déclamatoires et ampoulés du genre de ceux qui lui sont habituels. Quant au fond, qu'on veuille bien lire ces pièces avec soin, et l'on verra que le sujet dont l'auteur s'est inspiré n'est

[1] Les pièces 1 sur *la ruine de la Thuringe* et 3 de l'Appendice.
[2] Appendice, pièce 31.

pas de ceux qui se puissent traiter par procuration. Mais ce n'est pas le moment d'insister là-dessus.

En 1847, M. l'abbé Maynard soutint, à la Faculté des lettres de Poitiers, une thèse latine sur Fortunat [1]. Le sujet n'y est qu'effleuré et n'offre rien de nouveau, bien que l'auteur en eût certainement trouvé, s'il eût eu la patience de le chercher. Il connaissait sans doute les écrits d'Augustin Thierry et d'Ampère mentionnés plus haut, mais il n'avait guère à s'en souvenir, car sa thèse est plus remplie du personnage ecclésiastique que du poète, et celui-ci n'eût peut-être pas obtenu de M. l'abbé Maynard toute l'estime dont il est l'objet, si la plupart de ses pièces n'eussent porté la forte empreinte de sa foi catholique et du caractère sacré dont il

(1) In-8°.

était revêtu. Il est donc douteux que les défauts du poète, dont les principaux semblent bien n'avoir pas échappé à M. l'abbé Maynard, fussent devenus à ses yeux des qualités, sans les mérites du prêtre qui leur valaient cette indulgence.

C'est dans le même esprit, mais avec plus de méthode et surtout avec plus de sens critique, que M. l'abbé Hamelin a traité le même sujet, dans une thèse latine soutenue par lui à Rennes en 1876. Elle est divisée en deux parties. La première est un résumé des faits qui concernent la vie, la famille et le pays de Fortunat. L'auteur s'y autorise tout simplement des témoignages de Paul Diacre, de Brower, de Luchi, de Liruti, de Grégoire de Tours, d'Hincmar, etc., joints à ceux qu'on doit à Fortunat lui-même, et qui se trouvent soit dans ses poésies mêlées, soit dans sa *Vie de saint Martin;* il n'y a rien de plus, rien de moins; ce sont de simples répétitions. Pour la seconde partie, toute consacrée aux écrits du poète, M. l'abbé Hamelin a mis à contribution les ressources que lui offraient l'*Histoire littéraire de la France*, par Ampère, et les *Récits*, d'Augustin Thierry. Pour avoir interrogé l'un et l'autre avec une réserve qu'on pourrait qualifier d'abstention complète, M. l'abbé Maynard a beaucoup diminué l'intérêt de sa thèse, laquelle en a contracté même quelque aridité. Au contraire, celle de M. l'abbé Hamelin, par l'excellent usage qu'il y est fait de ces deux documents, est plus substantielle, plus dégagée et plus attrayante. Il y fait une remarque qui peut passer pour neuve, et que j'ai moi-même faite souvent, en lisant et en étudiant Fortunat; c'est qu'il y a dans ce poète une véritable originalité. J'ajoute que cette originalité est surtout dans le caractère de l'homme, les vers du poète ne pouvant être appelés originaux, par cela seul que leur incorrection et leur rudesse ne les font ressembler à nuls autres. Ce caractère, mélange de sensibilité, d'enjouement et de bienveillance, dut faire, comme il fit en effet, du poète, un compagnon des plus agréables et des plus recherchés. On a peine à se figurer que dans une société grossière comme celle où vécut Fortunat, et où les accès de gaîté étaient plus ou moins des actes de violence, cet homme ait pu avoir et su garder une gaîté douce et naturelle. Telle était pourtant celle de Fortunat. Elle nous rappelle, bien qu'elle en diffère du tout au tout et par l'esprit, et par le genre de poésie où elle se manifeste, la bonne humeur dont Lucilius tempérait l'âpreté de ses satires, et par laquelle il charmait et déridait les Lélius, les Scipion et autres graves Romains de son temps.

Et si l'on cherchait vainement dans les poésies mêlées de Fortunat le sel et l'urbanité que Cicéron et Horace remarquaient dans celles de Lucilius; si, plus vainement encore au latin dégénéré et comme tombé en enfance du panégyriste des rois mérovingiens, on demandait quelque chose de cette connaissance supérieure de la langue latine qu'Aulu-Gelle (XVIII, 5) admire dans le satirique romain, on y trouverait du moins de la finesse en certains endroits, de la délicatesse et même de la grâce.

La bienveillance, ou, pour mieux dire, la bonté de Fortunat ne contribua pas moins à le rendre populaire parmi ses contemporains les plus illustres, que son enjouement. Toutefois elle avait le défaut d'être banale, de se prodiguer avec excès, et finalement de dégénérer en une flatterie outrée, où il a bien l'air d'oublier jusqu'au sentiment de sa dignité personnelle. Il y aurait cependant beaucoup à dire là-dessus à la décharge de Fortunat; c'est ce que je tâcherai de faire voir ailleurs.

M. Ebert est le premier qui, pour venir après tous les autres critiques de Fortunat, donne une idée juste de ses poésies, et qui le fait avec brièveté (1). Il n'est pas, comme Ampère, toujours à la recherche de l'esprit et de l'effet, mais il ne manque pas de bonne humeur et sait, à l'occasion, caractériser le poète et son œuvre par un mot pittoresque et vrai. Sa critique est savante, et charme autant qu'elle instruit. Peut-être la trouverait-on un peu complaisante; tel est du moins mon humble avis; mais elle a, en somme, assez d'autorité pour nuire au succès des objections qu'on

(1) *Histoire générale de la littérature au moyen âge en Occident*, par A. Ebert, professeur à l'Université de Leipsig, traduit de l'allemand par le Dr Joseph Aymeric, et par le Dr James Condamin. Paris, 1883, 2 vol. in-8°.

y pourrait faire, et par conséquent pour avoir le dernier mot. M. Ebert a fait une étude de Fortunat, de son esprit et de son style, aussi approfondie que s'il eût eu le dessein de le traduire, en tous cas avec la conviction qu'il n'était pas possible d'en parler pertinemment, si l'on ne se l'était rendu familier à force, pour ainsi dire, de petits soins, et si l'on ne s'était nourri de sa substance.

Les poésies de Fortunat, communément et avec raison nommées poésies mêlées, le sont en effet à tous égards. Une circonstance quelconque les fait naître, et elles viennent se ranger les unes à la suite des autres sans qu'il y ait, la plupart du temps, le moindre lien entre elles. A l'exception du IVe Livre, composé exclusivement d'épitaphes, et de l'Appendix, dont toutes les pièces sont adressées à Radegonde et à Agnès, sauf aussi un petit nombre de pièces qui, dans les autres Livres, se rapportent aux mêmes sujets et se suivent naturellement, tout le reste est un pêle-mêle où il semble bien que les copistes de ces poésies aient plus de part que le poète lui-même. Comme d'ailleurs, ainsi qu'on l'a bientôt reconnu, il y a dans ce désordre matériel nombre de pièces qui appartiennent à un genre déterminé, M. Ebert les a divisées en catégories. La première consiste en panégyriques. De hauts personnages, tels que des rois, des reines, des princesses, des fonctionnaires, comme on dirait aujourd'hui, des évêques, des abbés, etc., en sont habituellement l'objet. Le poète y chante leurs louanges dont il n'exempte même pas leurs qualités physiques, allant jusqu'à établir des rapports entre celles-ci et leurs qualités morales. Parfois ces louanges sont tellement outrées et démentent si audacieusement l'histoire que, n'osant croire que l'auteur ait menti sciemment, on conclut qu'il a dû ignorer de la vie de certains personnages les faits qui contredisent avec éclat ses assertions. C'est ce qu'on remarque surtout dans les poèmes à la louange de Caribert [1], de Chilpéric et de Frédégonde; car pour ceux qui regardent Sigebert et Brunehaut, Fortunat les ayant écrits à la cour de ce prince auquel il avait de grandes obligations, il est excusable d'avoir puisé dans son enthousiasme reconnaissant des motifs de donner plus d'essor à son penchant naturel pour la louange et pour la flatterie.

M. Ebert range dans la catégorie des

[1] Fortunat, lorsqu'il racontait avec un enthousiasme si peu mesuré (L. VI, pièce 3), les vertus de Caribert, écrivait sans doute avant que ce prince eût montré tous ses vices, ou du moins, le poète étant lui-même nouveau venu en Gaule, ne connaissait rien encore des faits qui rendirent depuis son héros si tristement célèbre.

panégyriques le poème en l'honneur de la Virginité (L. VIII, pièce 3); tel est bien en effet son caractère, et d'ailleurs on conviendra que s'il est une vertu louable pardessus toutes les autres, c'est celle dont saint Augustin, parlant des vierges, a dit : « qu'elles ont en la chair quelque chose qui n'est point de la chair, quelque chose qui tient de l'ange plutôt que de l'homme (1). » Dans ce poème, « l'auteur, dit M. Ebert (t. I, p. 558), peint avec des couleurs peut-être un peu trop sensuelles l'amour des religieuses pour le fiancé céleste, ainsi que la récompense réservée dans le ciel à la chasteté. » Cela est vrai; mais avec ou à part cela même, ce poème, pour dire ce que j'en pense, est certainement l'œuvre la plus singulière du poète, et peut-être, malgré la banalité d'un sujet

(1) Habent aliquid jam non carnis in carne, etc. *De sancta Virginitate*, nº 12.

déjà traité par saint Basile, saint J. Chrysostôme, Tertullien, saint Augustin et saint Ambroise, la plus originale. Il y a là, notamment, un parallèle entre la condition de la vierge et celle de la femme mariée, où, par des raisons physiologiques d'une vérité cruelle et sans idéal, le poète démontre les avantages de la virginité sur un état où il a fallu nécessairement en faire le sacrifice. Avec des couleurs qui ne sont point celles de l'Albane, mais qui rappelleraient plutôt le sombre naturalisme de l'Espagnollet, il peint les suites ordinaires de ce sacrifice, la grossesse et l'espèce de honte que la femme grosse éprouve en présence des hommes, l'accouchement, l'allaitement, la mort du premier né, le veuvage où la femme cesse d'être épouse sans pouvoir redevenir vierge. Pour tous ces détails, dont quelques-uns sont véritablement émouvants,

Fortunat s'est évidemment inspiré de saint Ambroise qui, dans son traité *de Virginitate* (1), fait le même parallèle.

En outre, il y a dans ce poème de véritables beautés poétiques, beautés de forme et beautés de sentiment. Au début, le poète nous introduit dans la cour céleste, au moment où elle est assemblée pour recevoir la Vierge récemment arrivée au ciel, et destinée à être l'épouse du Christ. Il donne entre autres des détails gracieux et très intéressants au point de vue de l'art, sur la toilette de la fiancée, il rappelle ses combats sur la terre et ses souffrances pour se garder pure et digne de son divin époux, ses entretiens mystiques avec lui, les consolations et la force qu'elle y puise, et enfin son triomphe. Des images tour à tour éclatantes et pompeuses colorent et

(1) Ce traité est en cinq Livres, et saint Ambroise l'adresse à sa sœur Marcellina.

animent toute cette poésie, et laissent à peine le temps d'apercevoir sous leur brillant les duretés et les incorrections de style habituelles à Fortunat.

Malgré tous ces mérites, ce poème ne me touche pas d'une manière aussi vive et aussi continue que les poèmes sur Galsuinthe (L. VI, pièce 5), et sur la ruine de la Thuringe (*Append.*, pièces 1 et 3). Les beautés sont là d'un ordre si supérieur et si dramatique, on les attendait si peu du talent, du caractère, et j'ajoute du tempérament de Fortunat, que les critiques, y compris M. Ebert, semblent s'être un peu trop complaisamment mis d'accord, pour lui faire les honneurs de ces deux touchantes élégies. J'ai dit précédemment les raisons qui me portent à différer d'opinion avec eux à cet égard; ici, je dirai de plus que si, par le seul fait de maintenir ces poèmes à la place qu'ils occupent parmi les poésies de Fortunat, je parais me ranger moi-même à cette opinion, c'est moins par conviction que par respect humain.

M. Ebert s'est si bien pénétré de son auteur, il en a si bien pesé les mérites et les défauts que, sauf sur un point seulement, où je me permets de n'être pas de son avis, et dont je parlerai tout à l'heure, il n'y a pas un mot à redire dans ses jugements, et qu'en général on peut s'en reposer sur lui. Ainsi on ne le contredira pas quand il dit que les épitaphes se rattachent aux panégyriques ; on pourrait même ajouter que c'en est la quintessence. La rhétorique de Fortunat, jointe à un besoin de louer qui ne se peut assouvir, y prend toutes ses aises, et soit qu'il loue en son nom, soit qu'il loue au nom d'autrui, soit enfin qu'il le fasse, pour ainsi parler, sur commande [1],

[1] *Voy.* notamment les deux derniers vers de la pièce 9 du Livre IV.

il s'en donne à cœur joie et déborde. Mais ses épitaphes, si enflées et si longues qu'elles soient, laissent le lecteur froid sinon incrédule, et ne sont pas propres à lui faire oublier le dicton : Menteur comme une épitaphe.

Je passe, plus rapidement encore que M. Ebert, sur les épigrammes, petites pièces qui ne sont que de simples inscriptions où la raillerie et le trait n'ont point de part, sur les pièces lyriques, sur les hymnes que tout chrétien sait par cœur, sur les descriptions de voyages, sur les lettres missives et sur d'autres pièces qui ne se rattachent à aucun genre spécial, et j'arrive à celles qui sont de la catégorie des billets, c'est-à-dire de ces petites lettres qui n'évoquent pas l'idée de correspondance, qu'on écrit à la hâte, *stans pede in uno*, pour faire un compliment, annoncer l'envoi ou la réception de quelque présent, charger d'une commission ou rendre compte de celle qu'on a remplie, enfin adresser une prière ou un remerciement. Tels sont les billets adressés à l'évêque Grégoire de Tours; tels aussi ceux adressés à Radegonde et à Agnès. Ces derniers offrent, il est vrai, un mélange singulier de tendresses telles qu'en comportent les billets les plus doux, et d'effusions pieuses; on en est même tout d'abord et, eu égard à la qualité des personnes, assez scandalisé. Mais à y regarder de près, on n'y voit que les naïfs épanchements d'un cœur surchargé de reconnaissance. Les attentions charmantes dont le comblaient deux femmes aux yeux de qui la grâce aimable n'était pas incompatible avec le cloître, exaltaient en quelque sorte celui qui en était l'objet, et il profitait de la liberté autorisée par le latin pour donner à ce qui n'était qu'une vive mais chaste amitié le nom d'amour, et pour appliquer les termes de ce langage profane aux sentiments de la plus pure mysticité.

Dirai-je que dans ces mêmes billets il est souvent question de l'appétit du poète, et des aventures de son estomac au milieu des tentations de la bonne chère? Dirai-je qu'en dépit de la tournure humoristique qu'il donne à ses récits, encore que Radegonde et Agnès qui, en leur qualité de Germaines, n'étaient pas sur ce point très collets montés, s'en divertissent peut-être, il s'y oublie jusqu'à décrire en termes d'une crudité parfois grossière les opérations ardues de sa digestion (IX, pièces 22, 23), et ces terribles lendemains qui succèdent à la crapule de la veille. Pendant son séjour assez long dans une cour et dans une société germaines, il avait contracté l'appétit des gens de cette nation, laquelle, comme les Thraces, ne passait pas pour un modèle de sobriété, et il lui arriva plus d'une fois d'être incommodé d'un régime trop brutal pour un homme qui, comme les ruminants, n'avait pas plusieurs estomacs.

M. Ebert s'étonne que Fortunat, malgré le talent qu'il a montré dans certaines parties, ne se soit exercé qu'une seule fois dans la poésie lyrique des anciens. Pourquoi cet étonnement? Fortunat ne nous dit-il pas lui-même qu'il n'avait pas les ailes assez fortes pour voler à cette hauteur, et cet espèce d'ode en vers saphiques, obscur et pompeux galimatias, qu'il écrivit malgré Minerve et seulement pour obéir à Grégoire de Tours, est-elle autre chose qu'une preuve de son impuissance à déférer convenablement à cet ordre? Ah! qu'il aimait bien mieux faire des acrostiches en forme de croix, et s'amuser à des jeux de versifications qui sont à la poésie ce que les calembours sont à l'éloquence, à affronter les difficultés de l'épanalepse, à s'admirer dans les combinaisons de plusieurs mots de suite commençant par la même lettre, c'est-à-dire dans l'allitération, enfin dans « les métaphores, images et comparaisons poussées jusqu'au pathos, etc. » !

Les choses étant ainsi, comment M. Ebert a-t-il pu dire (t. I, p. 575) : « Si nous jetons ici un coup d'œil général sur les productions poétiques de Fortunat, nous devons avouer, n'y eût-il d'autres preuves que celle qui est fournie par tous ces artifices oratoires, que cet auteur possédait un grand talent pour la forme, et qu'il avait par conséquent une véritable aspiration à trouver l'expression poétique. » J'en demande pardon à M. Ebert, mais je ne saurais souscrire à cette opinion. Trouver l'expression poétique n'est rien, si elle est vide de sens, si l'idée qu'elle revêt n'est qu'un lieu commun, si elle trahit des efforts pénibles pour la découvrir, si le défaut de discernement ou la négligence se fait remarquer dans le choix dont elle est l'objet, si les mots y perdent leur propriété ou y contractent des associations contraires à leur génie naturel, si enfin elle n'est qu'une musique aux sons cadencés et bruyants, pareils à ceux que produisent les marteaux de plusieurs forgerons frappant ensemble sur une enclume. Ce sont là les traits qui, avec quelques autres, distinguent toute poésie de décadence, ce sont ceux, à de notables exceptions près, de la poésie de Fortunat. A ce titre il est un ancêtre de plus d'un de nos poètes contemporains, à commencer par le plus fameux, et au temps où il ne se comprenait plus lui-même.

Il reste à parler des éditions, avec notes

et commentaires (¹), des poésies de Fortunat. La première édition complète est due au Père Brower. Outre quelques manuscrits interrogés par lui pour la première fois, entre autres et principalement le manuscrit de Saint-Gall, il recueillit un certain nombre de pièces publiées isolément, et en composa l'édition qu'il donna en 1603, puis en 1617. Malheureusement, les notes et commentaires dont il l'accompagna laissent beaucoup à désirer sous le rapport de l'exactitude historique et de la clarté. Tantôt elles sont d'une prolixité fatigante, tantôt d'une brièveté dont on ne peut rien tirer de ce qu'on est avide ou de ce qu'il importe surtout de savoir. Les conjectures et les assertions téméraires y sont nom-

(¹) J'excepte la première en date, parce que, n'étant point accompagnée de notes et de commentaires, elle n'est pas de mon sujet; c'est l'édition de Venise, *Per Jac. Salvatorem Solanium Murgitanum... Venetiis, apud hæredes Jac. Simbenii,* 1578.

breuses; il y a aussi de grosses erreurs de faits. Les corrections du texte n'en sont pas moins très heureuses et excellentes pour la plupart. Ce premier nettoiement, pour ainsi dire à grande eau, des ordures qui salissaient ce texte, est le premier et le plus grand service qui ait été rendu au poète, et pour lequel le savant jésuite a bien mérité de lui et de nous. Désormais la voie était déblayée, il n'y avait plus qu'à suivre l'audacieux qui s'y était engagé. C'est ce que fit Michel-Ange Luchi, moine du Mont-Cassin. Son édition de Fortunat parut à Rome en 1786, c'est-à-dire cent quatre-vingts ans après la première de Brower.

Luchi adopta et reproduisit l'édition de son prédécesseur sans y faire aucun changement. Mais, comme il avait pu consulter des manuscrits que Brower n'avait pas connus, il en tira des leçons nouvelles que, par déférence peut-être pour celui-ci, il se contenta d'indiquer dans ses notules. Seulement, et ses grandes connaissances en histoire, principalement en l'ecclésiastique, l'y autorisaient, il ne se fit pas scrupule de signaler les erreurs où, faute des mêmes connaissances, Brower était assez fréquemment tombé. Il eût bien fait de pousser plus loin sa critique, en écartant de son texte nombre de pièces attribuées à tort à Fortunat ou, pour le moins, fort suspectes, que Brower avait trop facilement mêlées aux pièces authentiques. Un autre après lui, et longtemps après lui, M. Frédéric Leo, les relèguera dans un *Appendix spuriorum*, où elles demeureront en quarantaine jusqu'à production de leur patente nette.

En 1881, il y avait quatre-vingt-quinze ans que l'édition de Luchi avait paru, lorsque M. Frédéric Leo donna la sienne qui fait partie des *Monumenta Germaniæ historiæ* en cours de publication à Berlin. Le savant éditeur en indique les éléments dans sa préface. Il a consulté une douzaine de manuscrits, entre autres les deux moins mauvais, celui de Paris sous le numéro 13048, d'où feu Guérard, de l'Académie des Inscriptions, a tiré les nombreuses pièces qui figurent dans le premier Appendix de l'édition Leo (1), et celui de Saint-Pétersbourg, qui date du VIIIe siècle. Il va de soi que ni Brower, ni Luchi n'avaient jamais seulement ouï parler du premier de ces manuscrits ni du second. Les manuscrits autres que les douze cités plus haut, M. Leo les indique sans les décrire, et il en désigne encore six qui, ayant été décrits par différentes critiques,

(1) Guérard les avait publiées, il y a plus de cinquante ans, dans les *Notes et extraits des manuscrits*, t. XII, Partie II, p. 75 et suiv., 1831.

n'avaient pas besoin, dit-il, de l'être de nouveau. Pour les éditions, il a fait usage de celle de Venise, qui, à son avis, a toute la valeur d'un manuscrit, et de celles de Brower et de Luchi.

Tant de manuscrits, pour un auteur de l'espèce de Fortunat, démontrent assez l'estime singulière dont il a joui à travers les âges, et expliquent en même temps l'état de corruption où le maintenaient, en l'aggravant, les copistes par les mains desquels il a dû passer. Il semble, en effet, que l'ignorance des copistes croissait en raison du nombre des copies. S'il arrivait à l'un d'eux d'être frappé de quelque faute, il ne la corrigeait que pour la rendre pire, ou il lui en substituait une nouvelle qui ne valait pas davantage. On se rend compte de tout cela, en lisant les innombrables variantes recueillies par M. Leo, et du sein desquelles on n'est jamais bien sûr d'avoir déterré la meilleure. On penserait que les copistes de Fortunat étaient recrutés à dessein parmi les moins lettrés, et que cette besogne leur était imposée pour pénitence. Quant à moi, j'ose n'en pas douter. Quoi qu'il en soit, si Fortunat, aux époques où il était l'objet de toutes ces transcriptions, était populaire en quelque sorte parmi les gens lettrés, il dut cette faveur plutôt au préjugé qui continuait à le tenir pour un excellent poète, qu'à l'examen sérieux et à l'intelligence de ses écrits.

Outre les leçons, en nombre infini, comme je l'ai remarqué ci-devant, que M. Leo a tirées des manuscrits, et qu'il a citées, sans en avoir, selon toute apparence, omis aucune, il a récolté avec un égal scrupule ce qu'on appelle moins des leçons que des corruptions de leçons, telles que mots désorganisés ou de constitution avortée, particules de mots réduits quelquefois à une lettre seule, tronçons impossibles à rattacher à aucun corps, mots divers fondus en un seul avec perte pour chacun d'eux d'une ou plusieurs de ses parties, et formant des espèces de monstres qu'on ne peut dénommer. On n'en a jamais fait autant pour Cicéron, par exemple, dont Orelli a rassemblé tant de variantes qu'on n'ose pas jurer que nous n'ayons pas un Cicéron de sang mêlé. Certainement, la plus grande partie de ces énormités des manuscrits de Fortunat n'ont apporté que peu de lumière à l'éditeur, tout au plus en a-t-il jailli quelques étincelles; mais il n'y a pas moins eu je ne sais quoi de chevaleresque de la part de M. Leo à s'engager dans ce fouillis capable de décourager même les fées. Ajoutons qu'il a introduit quelquefois, parmi les variantes, des notes explicatives très brèves, dont il lui a semblé que le texte avait trop manifestement besoin, sous peine de s'exposer au reproche d'avoir agi à l'égard de certains galimatias comme les théologiens du moyen âge à l'égard du grec, et de s'être tiré d'affaire par un *transeamus*. Il est à regretter seulement qu'il n'ait pas donné ces explications aussi souvent qu'elles étaient nécessaires, car il y fait preuve d'une grande sagacité; c'est sans doute parce qu'elles eussent trop grossi son édition, ou qu'il a voulu laisser aux futurs critiques du texte de Fortunat le mérite d'achever ce qu'il a seulement ébauché.

Enfin M. Leo a séparé et rendu à leur division naturelle quelques pièces réunies à tort sous un seul titre par les précédents éditeurs. J'ai déjà dit qu'il avait éliminé et réuni dans un Appendice celles indûment attribuées à Fortunat; j'ajoute qu'il croit trouver la preuve de cette fausse attribution dans la liberté extrême dont on en use dans ces pièces avec la prosodie. Il est pourtant bien vrai que, sous ce rapport, Fortunat ne s'est pas toujours fort gêné avec les règles. Trois indices terminent cette édition. On a eu raison de dire que les indices sont l'âme des livres, et pour ma part j'admire ce genre de travail parce que j'en comprends la délicatesse et les difficultés. Celles qu'offrent les poésies de Fortunat sont si minutieuses et si considérables qu'elles en sont presque rebutantes; M. Leo les a glorieusement vaincues. Il n'eût pas mieux travaillé et avec plus de succès, s'il eût fait ces indices sur un livre qu'il eût composé lui-même.

Ces préliminaires étaient une introduction nécessaire à ce qu'il me reste à dire sur les causes qui ont empêché jusqu'ici les savants de tous pays de traduire Fortunat chacun en sa langue. Ces causes se peuvent réduire à une seule : l'insuffisance ou l'impuissance des anciens éditeurs à éclaircir le texte, c'est-à-dire à expliquer les nombreux passages dont l'extrême obscurité arrête à chaque instant le lecteur et le plonge dans le dégoût et le découragement. Car, dit le savant et regrettable philologue Louis Quicherat, « faire comprendre intégralement les auteurs qu'on édite est une tâche plus ardue et plus méritante que de recueillir seulement les différentes leçons des textes ou des manuscrits (1) ». En effet, on vient aisément à bout de cette dernière besogne, avec une grande pratique des manuscrits, de la patience et du temps devant soi.

(1) *Mélanges de philologie*, p. 178; 1879, in-8°.

CHAPITRE II

POURQUOI FORTUNAT N'A ÉTÉ TRADUIT EN AUCUNE LANGUE.

Malgré les travaux considérables dont Fortunat, ainsi qu'on l'a fait voir précédemment, a été l'objet, malgré tous les efforts tentés pour le rendre plus intelligible, malgré tous les éloges dont on l'a comblé, malgré, enfin, tous les renseignements précieux qu'on en a tirés pour l'histoire de son temps, il n'a pas encore eu l'honneur d'être traduit en aucune langue (1). Il n'en aurait pas été ainsi peut-

(1) Il faut en excepter toutefois la *Vie de saint Martin*, poème en quatre chants, longue et ténébreuse

être si quelque habile érudit du commen-

paraphrase de la vie du même saint si simplement et si naïvement écrite par Sulpice Sévère, où l'on ne trouverait peut-être pas cinquante bons vers sur les deux mille deux cent quarante-trois dont elle se compose et où le sentiment chrétien lui-même a je ne sais quoi de guindé et de déclamatoire. Elle a été traduite en français par feu Corpet, traducteur d'Ausonne, et publiée conjointement, et comme objet de comparaison, avec les Vies de saint Martin par Sulpice Sévère et Paulin de Périgueux, dans la *Bibliothèque latine-française* de Panckoucke, 3ᵉ série, 33ᵉ livraison, p. 232 et suiv. (1850). Le même auteur a traduit la pièce 13 du L. III et la pièce 4 du L. VII, dans les notes du t. II de son édition d'Ausone, p. 372, 373; la pièce 12 du L. III et la pièce 10 du L. IX, l'une et l'autre à l'Appendice du même volume, p. 468 et suiv. Outre cela, trois pièces de notre poète, les 12ᵉ et 13ᵉ du L. III et la 9ᵉ du Liv. X, selon notre édition, ont été traduites en allemand et en vers par Boecker, dans *Jahrbücher der Vereins von Alterthumskunden im Rheinlande*, 1845 (7ᵉ fascicule). La pièce du Livre X y a pour second titre *Hodoporicon*, titre bien présomptueux pour une simple excursion de plaisir, comme aussi pour celles du même genre que le poète a racontées ailleurs (L. VI, pièce 8; L. VIII, p. 2; L. XI, p. 25). Sigebert de Gemblours (*de Script. de eccl.*, c. 45) est le premier qui ait employé ce terme de manière à donner à entendre que Fortunat avait écrit un poème spécial sous ce titre, et Tritheim (*Script. eccles.*, cement du XVIe siècle eût osé faire ce qu'ont fait depuis Brower et Luchi. Mais il n'y avait pas là de quoi tenter des hommes amoureux du style avant tout, et dont la passion ne pouvait être satisfaite que par l'étude, à peu près exclusive, des écrivains classiques, soit pour se former le style sur celui de ces modèles, soit pour guérir les blessures que d'ignorants copistes leur avaient faites. Admettons, cependant, que la curiosité des critiques de la Renaissance ait été attirée sur Fortunat; qu'y eussent-ils trouvé? Une latinité barbare et un texte qui n'était qu'une plaie. En eût-il été

n° 219) l'a répété en l'estropiant ou plutôt en le travestissant de cette manière : *Ad Oporicum vitæ suæ lib. I.* Ajoutons enfin qu'Augustin Thierry a traduit quelques courts fragments de notre poète dans ses *Récits mérovingiens*, premier et cinquième Récits, et que l'abbé Monnier a traduit des extraits de la 1re pièce de l'Appendice, de la pièce 5 du L. V et de la pièce 9 du L. III, dans le tome IIIe des *Mélanges littéraires* tirés des poètes latins, par l'abbé Gorini; 4 vol. in-8, 1869.

autrement, que les délicats de ce siècle n'eussent pas jugé digne de leurs études un poète dont le vol ne faisait que raser la terre et la plume torturer la poésie. Ils avaient tant d'autres malades plus intéressants et plus pressés, qu'ils abandonnèrent celui-là à des médecins subalternes ou moins dédaigneux, s'il avait la chance d'en rencontrer.

Il en rencontra, en effet, qui pour s'être fait longtemps attendre, ne laissèrent pas que de l'arracher des limbes où il expiait les difficultés de son abord, et où l'indifférence ou le mépris l'avait condamné. Brower fut le premier, Luchi le second, enfin, et longtemps après eux, Guérard, pour les pièces restées inconnues aux deux autres, qu'il découvrit et publia en 1831, pour la première fois, dans les *Notices et Extraits des manuscrits*, t. XII. Mais, quelque méritoires que soient leurs commentaires, notes et éclaircissements, ils n'ont, jusqu'ici, décidé personne à traduire leur auteur. Serait-ce donc qu'ils n'ont point fait assez pour cela ?

J'ai déjà dit, d'après L. Quicherat, qu'il y a plus de mérite pour un éditeur à faire comprendre dans toutes ses parties son auteur, qu'à en recueillir et à en accumuler les variantes. A quoi bon, en effet, mettre vingt manuscrits au pillage, en extraire et faire défiler sous nos yeux des leçons qui se contredisent presque aussi souvent qu'elles s'accordent, et introduire les unes dans le texte et laisser les autres à la porte, trois opérations toujours faciles quand il ne s'agit que de simples mots, si l'on néglige, d'ailleurs, d'expliquer des phrases, des passages mêmes qui sont de véritables énigmes, et sur lesquels le lecteur reste l'œil fixe et la bouche béante ? N'est-ce pas dire, ou à peu près, qu'on ne se tait sur ces passages que parce qu'il est aisé de les comprendre, qu'on les comprend bien soi-même, et que le lecteur sera sans doute aussi pénétré de leur clarté? Mais c'est trop présumer à la fois du lecteur et de soi-même; car, lorsque je vois sur tous les passages obscurs et rebutants, comme ceux dont Fortunat est rempli, les commentateurs glisser tour à tour avec la même insouciance, j'en conclus volontiers qu'ils ne les ont point entendus, et que le monologue qui se fait dans leur for intérieur est à la fois une manière de dissimuler leur impuissance et une impertinence. Certes, tout lecteur ne peut qu'être flatté de la bonne opinion qu'on a de son intellect; mais, n'est-ce pas agir envers lui comme un banquier qui tirerait une lettre de crédit sur un correspondant dont l'argent ne serait pas prêt, ou qui même n'en aurait pas du tout?

Ce qu'on dit ici des passages difficiles que l'indifférence ou l'incapacité relative des commentateurs abandonne à notre compréhension, peut également, et jusqu'à un certain point, se dire des simples mots; car s'il est vrai que par leur isolement ils offrent plus de prise à la réforme, il est aussi vrai que, vu le nombre infini de variantes dont ils sont l'objet, il serait à peu près impossible de ressaisir la personnalité de chacun d'eux, si l'on ne se résolvait à leur imposer, en quelque sorte d'autorité, des corrections radicales dont le sens général de la phrase pût logiquement s'accommoder, et auxquelles le lecteur fût amené, sans efforts, à acquiescer. Loin de blâmer ce procédé, surtout lorsqu'on a affaire à un auteur aussi mutilé que Fortunat, je regrette que ses éditeurs, y compris M. Leo, n'aient pas montré plus souvent un peu de cette hardiesse que le grand Scaliger avait avec excès, mais dont tant d'auteurs anciens se sont si bien trouvés.

On peut, en dépit d'un rigorisme qui exigerait le même traitement pour les désordres constitutionnels d'un mauvais auteur que pour ceux d'un bon, on peut, dis-je, se permettre, sur le premier, dont la santé après tout nous importe le moins, des expériences qu'on ne se permettrait pas sur l'autre. Avec un Fortunat, on ose bien des choses qu'on n'oserait pas avec un Virgile. Il y a, par exemple, telles corrections radicales dans Fortunat, que M. Mommsen a suggérées à M. Leo, qui, si elles ne sont pas de génie, le génie étant un bien gros mot pour une si petite chose, sont au moins d'intuition supérieure. Toutefois, il y reste encore un très grand nombre d'expressions et de phrases bien malades, autant des remèdes qu'on leur a appliqués que par la faute du temps et des copistes. Je suis bien loin de croire au succès des remèdes que je me propose d'essayer sur quelques-unes; mais, après avoir, comme je l'ai fait, lu à fond, relu et traduit les onze Livres [1] des poésies mêlées de Fortunat et leur Appendice, après avoir apporté à ce travail un peu de cette passion pour les découvertes qui, sauf la différence énorme du but, anime le grammairien comme l'astronome, j'ai cru être en mesure de donner quelques exemples choisis parmi une centaine et plus, des omissions, des timidités puériles, parfois même des fautes d'interprétation que je reprochais plus haut aux éditeurs et aux commentateurs.

N° 1. — Dans la pièce 16 de l'Appen-

[1] Les cinq premiers, toutefois, ont été traduits en collaboration avec M. Eugène Rittier, professeur au lycée Louis-le-Grand.

dice, on lit les vers 10 et 11, qui suivent :

Hic quoque sed plures carmina jussa per annos
Hinc rapias tecum quo tibi digna loquor.

Le premier vers cloche d'un demi-pied et n'a ni sujet, ni verbe. Guérard, qui le donne tel que le manuscrit le lui a offert, ne remarque pas même cette anomalie, ou, s'il l'a remarquée, il la laisse passer avec une froide courtoisie. M. Leo pense qu'au lieu de *carmina jussa*, il faut lire selon toute apparence *camina justa*. Je confesse que cela ne m'apparaît point du tout. Qu'est-ce que *camina?* Est-ce un nom au pluriel neutre s'accordant avec *justa*. Le singulier serait donc *caminum*, or *caminum* est le nom latin de Camin, ville prussienne sur le lac de ce nom. Est-ce un nom féminin au nominatif? On trouve, en effet, dans Du Cange, deux exemples de ce nom, l'un qui paraît indiquer un instrument à vanner, l'autre qui est un synonyme de *curia*. Ni l'un ni l'autre n'ont rien à faire ici. S'agit-il de *camina*, impératif de *caminare*? Encore moins; outre que la quantité de la première syllabe proteste contre son admission. Laissons donc *carmina*, et voyons pourquoi.

Notre poète dit en quelques pièces de son Recueil qu'il fait des vers pour obéir aux ordres de Radegonde et d'Agnès, il le leur redit ici, et, de plus, qu'il en fait ainsi depuis plusieurs années. Il prie donc l'une ou l'autre (car on ne voit pas précisément à laquelle des deux il s'adresse) de prendre (*rapias*) ceux qu'il leur offre, n'y ayant rien qui n'y soit digne d'elles. Fortunat a donc dû écrire, et il a certainement écrit :

Hic quoque sed plures [ago] carmina jussa per [annos.

Le copiste de la pièce du manuscrit d'où Guérard l'a tirée, a omis *ago* qui s'imposait si naturellement, et qui rend à ce vers manchot le membre dont il était privé depuis des siècles.

N° 2. — Les petits cadeaux, dit-on en proverbe, entretiennent l'amitié :

> Hæc res et jungit junctos et servat amicos.

Nous voyons, en maints endroits de notre poète, qu'il mettait ce proverbe en pratique avec Radegonde et Agnès, quoique, à vrai dire, la nécessité n'en existât pas du tout. Jamais amitié, comme celle dont il était l'objet, ne fut plus désintéressée. Il en recevait donc des cadeaux et il leur en faisait de temps en temps lui-même qu'il accompagnait d'*envois* en vers où il s'excusait de la modicité de son hommage : c'étaient tour à tour ou des châtaignes, ou des pommes, ou des prunes de son jardin, ou des prunelles ou des mûres. Un jour que, au lieu de pommes qu'il aurait pu offrir, il se trouva dans la nécessité de n'envoyer que des mûres, il dit :

Vel dare qui potui pomula mora ioti (1).

Ioti est un mot si manifestement corrompu qu'il faut nécessairement l'évincer et lui trouver un remplaçant. Guérard propose *more joci*, comme qui dirait par plaisanterie. Cette correction n'est pas à dédaigner, d'autant plus qu'il n'y a que deux lettres à changer au texte. Mais ces mots ne se rattachent à rien. Il est évident qu'ils devraient et qu'ils doivent exprimer une opposition à *pomula*, c'est-à-dire un cadeau moindre que ces pommes. Or, pour exprimer cette opposition, il faut un verbe

(1) *Appendix*, pièce 18, v. 6.

qui régisse *mora*, et ce verbe ne peut être que le mot défiguré *ioti*. En outre, la correction de Guérard est peu respectueuse, car toute diminution de respect (et cette plaisanterie en était une), si petite qu'elle soit, de la part de Fortunat, pour Radegonde et Agnès, n'est pas admissible. M. Leo, en proposant *verba dedi* « je vous en ai donné à garder », aggrave encore le manque de respect, et une plaisanterie de ce genre, avec des personnes d'une si haute et si sainte condition, n'eût pas été autre chose. Il n'y a pas, d'ailleurs, l'ombre de plaisanterie ni dans l'intention, ni dans les paroles de Fortunat. Il regrette seulement d'être empêché par son absence de donner à Agnès, ainsi qu'il lui est arrivé maintes fois, des pommes de son jardin, et d'être réduit à lui envoyer des mûres. Laissons donc *mora*, puisqu'après tout il s'agit de mûres, et mettons *dedi* comme

M. Leo, à la place d'*ioti*. Et puis il est certain par le quatrième vers,

> Et rogo *quæ misi* dona libenter habe,

que Fortunat n'a pas pas payé de paroles ses amies, mais qu'il leur a bel et bien fait un cadeau.

N° 3. — Il ne faut quelquefois qu'une lettre à ajouter ou à retrancher pour rendre la vie à un vers et le remettre sur ses pieds ; mais cette lettre, tout naturellement qu'elle soit indiquée, ne répond pas toujours à l'appel; on dirait qu'elle tient à se présenter d'elle-même. Exemple: Fortunat vient en personne offrir des fruits à ses amies et s'excuse de la nature insolite de l'objet dans lequel ils sont enveloppés :

> Sed date nunc veniam quod fano tali habetur [1].

Guérard se tait sur cette étrange fin de

[1] *Appendix*, pièce 26, v. 5.

vers, et M. Leo ne voit pas comment y remédier. Ni l'un ni l'autre ne s'expliquent non plus sur le sens à leur attribuer. Or, *fano* est une serviette, une nappe ou toute bande d'un tissu quelconque; mais c'est aussi le corporal qui se met sur l'hostie pendant la messe, et de plus « ce que le prestre met en la main senestre (1) », lorsqu'il officie. « Item, est-il dit dans un Inventaire du Trésor de l'abbaye Sainte-Croix de Poitiers, fait en 1746 (2), l'estolle et fenon S. Médard. » Comme prêtre, Fortunat portait l'un et l'autre à l'autel, et voilà pourquoi il s'excuse d'employer à un usage aussi profane un linge réservé à un usage sacré. N'y ayant donc pas de doute sur la signification de *fano*, il reste à le rapprocher de l'adjectif *tali* qui le suit, et

(1) Ancien glossaire français cité par Du Cange au mot *Fano*.

(2) Voyez *Trésor de l'Abbaye de Notre-Dame de Poitiers*, par Mgr Barbier de Montault.

qui aspire à s'accorder avec lui. On écrira donc :

Sed date nunc veniam quod fano talis habetur,

et du même coup on régularisera le vers en lui rendant la lettre qui manque pour former le dactyle au cinquième pied.

N° 4. — La physique, chez Fortunat, est, en général, enfantine, et dans les questions qui sont du ressort de cette science, il emploie les métaphores dont poètes et prosateurs se sont servis de toute antiquité. S'il nous dit d'une part que le temps s'envole, que les heures se jouent de nous et que nous marchons à la vieillesse sur un chemin glissant, nous le comprenons sans difficulté ; mais s'il vient à nous dire que « le monde tourne sur son axe sans corde »,

Fine trahit celeri sine fune volubilis axis [1]

[1] Livre VII, pièce 12, v. 3.

nous sommes arrêtés par cette corde, et nous allons aux recherches dans les notes des éditeurs, pour voir si nous trouverons un renseignement qui nous débarrasse de cet obstacle. Nous ne trouvons qu'une variante, *fine* pour *fune* dans le Ms. de Paris. Mais le premier mot du vers est déjà *fine*. Cette répétition du même mot à si courte distance a de quoi choquer, et, comme le Ms. de Paris est le seul où elle se produise, il vaut mieux s'en tenir au *sine fune* d'un Ms. ambrosien, admis dans le texte, et chercher cependant ce que le poète entend par là. Il suppose que le monde, pour tourner sur son axe, n'a pas besoin d'une corde comme, par exemple, le treuil au moyen duquel on fait descendre un seau dans le puits. Entraînée par le poids du seau, la corde enroulée autour du treuil se déroule et le fait tourner sur son axe, avec une grande rapidité : ce qui n'aurait pas lieu sans la corde. On voit combien cette interprétation était nécessaire (1).

(1) M. Salomon Reinach, à qui je m'étais fait un plaisir d'offrir cette Dissertation, lorsqu'elle fut publiée pour la première fois (*a*), a bien voulu me faire part de ses remarques au sujet de cette interprétation, comme aussi au sujet de deux autres qu'on trouvera plus loin. Je tiens à honneur de reproduire ici fidèlement ces remarques, en demandant toutefois à l'aimable et docte critique la permission d'y répondre.

« Je n'admets pas, m'écrit-il, le texte :

Fine trahit celeri sine fune volubilis axis;

il me semble qu'il faut écrire :

Fune trahit celeri sine fine volubilis axis,

et que cela donne un sens satisfaisant. » *Funis* est une métaphore « comme au moyen d'une corde rapide. »

Ce sens est acceptable en effet, si l'on reçoit la correction proposée par M. S. Reinach. Malheureusement elle fait disparaître l'image du monde qui tourne sur son axe avec une volubilité extrême, et dont rien ne peut donner une idée plus juste qu'un treuil tournant aussi sur son axe par le moyen indiqué dans ma remarque. Je persiste donc à croire que cette idée a été celle du poète, et qu'elle est de celles qui la plupart du temps lui hantent le cerveau.

(*a*) Dans la *Revue de l'Enseignement secondaire*, publiée chez Paul Dupont, Nos du 1er et du 15 octobre 1885.

N° 5. — Dans la pièce *De Excidio Thoringiæ* (1), il est un mot que M. Leo déclare corrompu, comme il l'est en effet, et dont la restitution paraît, à première vue, radicalement impossible. Dans cette pièce, Radegonde, ayant Fortunat, dit-on, pour interprète, parle, dès les premiers vers, de l'effondrement du palais des rois thuringiens et des richesses englouties sous les ruines; elle parle de ses hôtes (et elle-même en était le plus noble et le plus intéressant) emmenés captifs chez leurs vainqueurs et maîtres, et tombés des hauteurs de la gloire dans la condition la plus basse. « Une foule de serviteurs, dit-elle, ont péri et ne sont plus que la poussière infecte de sépulcres. Un nombre infini d'illustres et puissants personnages demeurent sans sépulture et privés des honneurs

(1) *Appendix*, pièce 1, vers 15 et 16.

qu'on rend à la mort. » Et elle ajoute :

Flammivomum vincens rutilans in crinibus au-
[rum,
Strat solo recubat lacticolor amati.

Brower, Leibnitz [1], Luchi et Migne s'accordent à voir dans *amati* une forme altérée d'*amethys* ou *amethystus*. Pas un deux n'a réfléchi qu'il faudrait au moins *amatys* au nominatif, comme y est *lacticolor*, et que cette épithète, non plus que la propriété attribuée à l'améthyste, de jeter plus de feux que l'or, ne saurait convenir à une pierre de couleur violette. M. Mommsen en a sans doute fait la réflexion, et il a tranché la difficulté en proposant de substituer *mulier* à *amati*. Cette substitution donne au pentamètre sa me-

[1] *Excerpta veterum auctorum*, au tome Ier des *Scriptores rerum Brunsvicensium*, p. 59.

sure et à la phrase un sens excellent, car il s'agit d'une femme dans ces deux vers, et on peut les traduire ainsi : « Une femme au teint de lait, aux cheveux d'un rouge vif et plus brillants que l'or, terrassée par ses meurtriers, est gisante sur le sol. »

Cependant la substitution proposée par M. Mommsen ne laisse pas que de paraître un peu forte; aucune variante ne la favorise tant soit peu; elle est comme tombée du ciel. Si j'ose dire ce que j'en pense, je conjecture qu'il n'y a rien à changer dans *amati*, si ce n'est l'*i* qu'il faut mettre à la place du second *a*, et *vice versa*. On aurait ainsi *amita*, qui a la quantité voulue, deux brèves et une longue, pour régulariser le second hémistiche. Et, comme la césure rend quelquefois longue, devant un mot qui commence par une voyelle, une syllabe finale brève se terminant par une consonne (il y en a maints exemples depuis

Virgile jusqu'à Ausone) ([1]), la syllabe finale de *lacticolor* bénéficierait de cette licence.

Pour en revenir à la femme à laquelle ces deux vers font allusion, je crois qu'il s'agit d'une tante (*amita*) de Radegonde, qui fut enveloppée dans un massacre exécuté pendant et après le sac du palais des rois de Thuringe par les Francs. L'histoire, il est vrai, ne fait aucune mention de cette princesse; mais peut-être que, n'étant pas mariée et menant dans le palais une vie relativement obscure, la princesse n'avait pas, pour mériter que l'histoire parlât d'elle, cette notoriété que, à défaut d'autres, les princesses mariées tirent de l'homme auquel elles sont unies. En tout cas, ne pouvant me résoudre à accepter la

([1]) *Pectoribus inhians;* VIRGILE, *Æn.*, IV, vers 64. *Tertius horum;* AUSONE, *Professor.*, en vers saphiques, VIII, vers 9.

substitution de *mulier* à *amati*, dont la conformation n'a aucun rapport avec celle de ce remplaçant, je n'hésite pas à proposer *amita*, qui satisfait à la fois et au sens et à la mesure du vers (1).

(1) « *Amita,* dit M. Salomon Reinach, est séduisant, mais j'avoue que je préfère *Mulier*. *Mulier* pourrait être écrit ainsi :

MULIER

« Supposez la perte des deux dernières lettres par une déchirure du manuscrit, vous aurez quelque chose comme *amti*, dont un copiste préoccupé du mètre a pu faire *amati*. Le mot *amita* sans explication me paraîtrait bien bizarre. »

Ces rhabillages de mots dans les manuscrits et dans les inscriptions, sont souvent très heureux, et toujours d'une grande autorité aux yeux des érudits, mais il ne faut pas en abuser, car alors ils peuvent donner lieu à des discussions qui, après plus ou moins de bruit, viennent dormir, comme la mer sur la grève de quelque anse écartée,

Sans soupir et sans mouvement.

Le sable à peine fouillé se tasse de nouveau. Il pourrait en arriver de même si j'entrais en discussion sur le mot qu'a dessiné et que m'objecte M. S. Reinach. J'aime mieux m'en tenir à cette remarque, que ce

N° 6. — Je n'hésite pas davantage à mettre *natas* pour *natos* autorisé pourtant par le manuscrit de Paris, 13048, dans ce vers où le poète appelle la protection de Dieu sur Agnès et ses religieuses :

Et te vel natos spes tegat una Deus [1].

Et te vel natos « et toi et tes fils », car *vel* est ici conjonction copulative, comme elle l'est fréquemment dans notre poète. Il y a quelque chose de si choquant de ces *fils* attribués par Fortunat à une per-

mot est une supposition gratuite, que M. Leo n'en signale l'existence dans aucun manuscrit, qu'il est un fils présumé d'un père, *amati*, avec lequel il n'a aucune ressemblance, et que M. Mommsen a bien voulu adopter. Quant à la correction que je propose, *amita*, elle n'a pas plus besoin d'explications que tous les personnages de la famille de Radegonde désignés sans être nommés, à l'exception d'un seul, Hamalafrède, dans les soixante premiers vers de cette pièce.

(1) *Appendix*, pièce 21, vers 14.

sonne de la qualité d'Agnès, qu'on a peine à comprendre que Guérard et M. Leo ne l'aient point remarqué, ou, s'ils l'ont remarqué, n'en aient rien dit. C'est montrer trop de condescendance pour les manuscrits quels qu'ils soient, et reculer devant un épouvantail à chenevière. « Si, disait encore L. Quicherat, certaines corrections, sans être méprisables, ne portent pas avec elles la lumière nécessaire pour rallier tous les esprits, elles laissent la carrière ouverte aux recherches de la critique ; mais d'autres présentent un tel caractère de certitude qu'on ne peut, sans se compromettre, se refuser à les adopter. Si nos pères avaient eu pour les manuscrits une superstition ridicule, les monuments littéraires de l'antiquité seraient illisibles ; mais, de leur propre autorité, ils rectifiaient les erreurs,... et nombre de leurs corrections sont tellement incorporées dans le texte, qu'elles ne se discutent plus aujourd'hui [1]. » Il est donc surprenant que ni Guérard, ni M. Leo n'aient vu qu'il ne peut être question, dans ce vers, que des *filles* de la mère Agnès, c'est-à-dire de ses religieuses, ou que, s'ils l'ont vu, ils n'aient pas chassé du texte *natos* pour y introduire d'office *natas*. C'est ce que j'ai fait sans remords aucun.

Le poète, d'ailleurs, ne nomme jamais ces religieuses autrement. Mais ce *natos* n'est-il pas une preuve évidente de l'ignorance des malheureux scribes qui, par ordre, ou volontairement, se sont copiés les uns les autres, sans s'apercevoir de cette impertinence ?

N° 7. — Fortunat, dans la pièce qui a pour titre : *de Gelesuintha* [2], fait dire à Goïsuinthe, mère de Gélésuinthe, que,

(1) *Mélanges de philologie*, p. 70, 71 ; 1878, in-8°.
(2) Livre VI, pièce 5, vers 332.

quand elle laissa partir cette fille bien-aimée pour le Nord, c'est-à-dire pour la Gaule où celle-ci allait épouser Chilpéric, il gelait si fort

Vt nec rheda rotis, non equus isset aquis.

Cet *equus* qui ne pouvait aller sur l'eau glacée ne suggère aucune observation à Brower ni à Luchi. M. Leo, moins réservé, et ne pouvant croire qu'il s'agît là de quelque hippocampe, dit qu'au lieu d'*equus* il attendait *ratis* : cette attente est bien naturelle, mais elle est vaine ; car *ratis* et *equus* signifient la même chose, c'est-à-dire vaisseau. Homère l'a dit le premier, parlant de ce véhicule sur le liquide élément, ἁλὸς ἵπποι (1). L'image a passé aux Latins. Plaute l'emploie dans le *Rudens* (2) :

... Nempe equo ligneo per vias cœruleas
Estis vectæ ;

(1) *Odyss.*, IV, vers 708.
(2) Acte I, scène v, vers 10.

ce cheval de bois était un vaisseau. L'épithète *ligneus* est un renchérissement sur Homère qui n'en avait pas besoin pour être compris des Grecs, et une obligation imposée à Plaute qui ne l'eût pas été des spectateurs romains, sans cette addition. Fortunat, si fécond d'ailleurs en métaphores hétéroclites, n'a eu garde de négliger celle-là, et il faut la lui laisser (1).

(1) « Je ne puis admettre, dit M. S. Reinach, l'ingénieuse explication que vous donnez de ce vers :

Ut nec rheda rotis, nec equus isset aquis.

Equus-navigium, est toujours, en grec comme en latin, accompagné d'une épithète. Je proposerais :

Ut ne rheda rotis nec ratis isset aquis,

C'est-à-dire, « de sorte qu'un char ne pouvait s'avancer sur ses roues, ni un bateau sur les eaux. » *Rotis, ratis* devaient tenter le mauvais goût de Fortunat. Dans le manuscrit *rotis*, a fait disparaître *ratis*, qui a été remplacé par *equus*, sous l'influence d'*aquis*.

Oui, c'est bien par l'influence d'*aquis* qu'*equus* a été invinciblement attiré, en quoi le mauvais goût du poète était plus pleinement satisfait; car l'allité-

N° 8. — Le comte Galactorius résidait à Bordeaux où, entre autres devoirs de sa charge, il avait celui de percevoir les impôts pour le roi Chilpéric. Fortunat pensant, on ne sait pourquoi, qu'il pouvait y avoir quelque excédent de recette, dont le

ration ayant lieu dans les mots d'un même membre de phrase et d'une même pensée, *nec equus isset aquis*, avait plus de force et était aussi plus conforme à ses habitudes, que si elle eût roulé sur les mots de deux phrases et de deux pensées différentes et sans liaison entre elles, comme *rotis nec ratis*. Fortunat a donc dû écrire *equus*, et il a voulu l'écrire. Il était bien aise de montrer qu'il connaissait l'emploi que Plaute a fait de ce mot, et s'il ne l'a pas imité jusqu'au bout en lui empruntant aussi l'adjectif *ligneus*, c'est que d'abord il n'était pas assez respectueux de la propriété des termes pour sentir la nécessité de cet adjectif, c'est ensuite et dans le cas contraire, que son allitération et son vers y eussent trouvé plus que leur compte. Homère lui-même n'ajoute pas d'épithète proprement dite à son ἵπποι; il y ajoute le substantif ἁλὸς qui en fait les fonctions. Ne pourrait-on pas dire que le mot *aquis*, dans Fortunat, remplit les mêmes fonctions, ou du moins à peu près? Et le bon poète fourmille d'à peu près.

comte aurait eu la libre disposition, lui écrit pour lui exprimer le désir d'en avoir sa part. « Envoyez-moi, lui dit-il des *pices* en échange de mes *apices* », c'est-à-dire « de ma lettre » :

Si superest aliquid quod forte tributa redundant,
Qui modo mitto apices, te rogo, mitte pices (1).

A la première vue on est porté à croire que le poète ne fait pas seulement un jeu de mots avec *apices* et *pices,* mais qu'il demande bel et bien de l'argent à Galactorius. Brower le présume et suppose que par *pices,* on pourrait entendre un espèce de monnaie. Je l'ai cru comme Brower et j'ai fait tous les efforts imaginables pour le démontrer. Mais j'ai dû bientôt reconnaître que, où que je dirigeasse mes recherches, je suivais de fausses pistes, et que je n'arriverais jamais à découvrir une

(1) Livre VII, pièce 25.

monnaie mérovingienne dans un mot qui n'a jamais voulu dire que « poix ». C'est alors que, faisant appel à la science de mes deux confrères MM. Ch. Robert et Deloche, je leur demandai leur avis. L'un et l'autre furent d'accord pour nier l'existence en aucun temps d'une monnaie appelée *pyx*, au pluriel *pices*, et pour conclure que dans ce passage il s'agit tout simplement de poix [1]. Reste à savoir à quoi le poète avait le dessein de l'appliquer. Tout d'abord, j'avais pensé que c'était à ses chaussures, l'un rappelant l'autre naturellement; mais cette pensée me parut bientôt aussi dépourvue de sel que de respect, et j'allais l'abandonner, lorsqu'un passage où For-

[1] M. Deloche a même eu l'obligeance d'entrer avec moi dans des détails fort savants sur les différentes manières en usage chez les Gallo-Romains pour payer leurs impôts au fisc impérial. Qu'il me suffise de l'indiquer ici, la place me manquant, à mon grand regret, pour faire davantage.

tunat parle de ses chaussures me revint tout à coup en mémoire. Je m'y reportai, espérant en tirer quelque lumière. C'est dans la pièce 21 du Livre VIII. Là donc Fortunat remercie Grégoire de Tours de lui avoir envoyé des talaires avec de quoi les attacher, et des peaux blanches pour couvrir les semelles :

> Cui das unde sibi talaria missa ligentur,
> Pellibus et niveis sint sola tecta pedis.

Il est inutile de faire remarquer que ces talaires n'avaient rien de commun, si ce n'est peut-être les cordons, avec les talaires que les anciens prêtent à Mercure ; c'étaient de simples semelles qui emboîtaient légèrement le talon, et qui adhéraient à la plante du pied au moyen de courroies ; elles n'avaient point d'empeignes. Telle était, comme le dit Alcuin (1), la chaussure

(1) Cité par Nigroni, *De Caliga*, ch. II.

des ministres de l'Eglise : *quo induuntur ministri ecclesiæ, subterius solea muniens pedes a terra, superius vero nihil operimenti habens*. Comment donc Grégoire, qui devait connaître cette particularité, envoyait-il de la peau blanche dont l'emploi eût été une infraction à l'usage indiqué par Alcuin, en transformant en chaussure couverte réservée aux évêques la chaussure d'un simple prêtre? Celle des évêques s'appelait *sandalia*. L'empeigne en avait d'abord été en toile blanche (1); mais, comme on le voit ici, on y employa depuis de la peau de la même couleur. Toujours est-il qu'il fallait aux simples prêtres une permission spéciale des papes pour chausser des sandales. « Nous avons appris, dit Grégoire le Grand (2), que les

(1) Σανδάλια λευκὰ δι' ὀθονίων, est-il dit dans la donation de Constantin, citée par Alb. Rubens dans son traité *De Calceo senatorio*, c. v.

(2) *Epist.*, VII, *ep.* 28.

diacres de l'église de Catane s'étaient arrogé de porter des sandales, ce qui n'avait jusqu'ici été accordé à personne, excepté toutefois aux diacres de Messine, par nos prédécesseurs ». Les successeurs de Grégoire le Grand, comme l'avaient fait ses prédécesseurs, et comme il paraît l'avoir aussi fait lui-même, octroyèrent depuis et souvent ce privilège (1), et il n'est pas impossible qu'à la considération de Grégoire de Tours, Fortunat en ait été l'objet.

Ce qui me porte à le croire, ce sont les deux derniers vers de la même pièce :

Pro quibus a Domino datur stola candida vobis ;
Qui datis hoc minimis inde feratis opes.

Pro quibus, c'est-à-dire *pellibus*. Par où l'on voit qu'en retour de ces peaux qu'il

(1) *Epist.*, VII, dans les notes.

a reçues de Grégoire, il lui souhaite la robe blanche, *stola candida*, qui est le vêtement des papes. C'est même pour la seconde fois, quoique en d'autres termes, qu'il lui fait un souhait de ce genre, car il disait tout à l'heure à Grégoire :

Sic te consocium reddat honore throno [1],

ce qui veut dire « et te rende par l'honneur associé au trône ». Le vers se comprend très bien. Or, comme on ne peut admettre que le poète veuille faire de Grégoire l'associé de Dieu dans le ciel, et l'asseoir sur le même trône, il ne peut être question que du trône terrestre, c'est-à-dire de la papauté. Ces deux passages valaient au moins la peine d'être signalés; mais ici encore les commentateurs se sont abstenus, ayant assez bonne opinion des lec-

(1) Livre VIII, pièce 17, v. 8.

teurs pour croire qu'ils n'y seraient pas embarrassés.

Quoi qu'il en soit, ces peaux, devant être nécessairement cousues aux semelles, font, par une suite naturelle des idées, penser au fil enduit de poix destiné à cette opération. Est-ce à dire que Fortunat ait été le confectionneur de ses sandales ? Cela n'est pas soutenable même en plaisantant. Contentons-nous de croire que le poète avait un autre dessein au sujet de cette poix, comme pourrait être celui d'en faire des flambeaux résineux pour les cérémonies de l'église, ou de l'employer pour l'embaumement des corps (1), et ne nous

(1) Dans un tombeau récemment découvert à Rome, et sur lequel est représentée en relief une bacchanale, on a trouvé avec le squelette qu'il contenait, une masse considérable de résine encore très odorante, ayant servi à l'embaumement du mort. (*Comptes rendus de l'Académie des Inscriptions*, bulletin de janvier, février, mars 1885, p. 45 : Lettre de M. Edmond Le Blant.)

en tourmentons pas davantage. Il résultera du moins de cette discussion la connaissance à peu près certaine du genre de chaussure que portait Fortunat, et les membres du clergé de Poitiers du même rang que lui.

N° 9. — Voici encore deux vers dont il m'a été très difficile de pénétrer le sens :

Esto tamen quo vota tenent meliora parentum,
Prosperior quam te terra Thoringa dedit (1).

La construction en est si bizarre, qu'il ne peut être que le texte ne soit corrompu. Dans l'état où est le second vers, il faudrait lire *quam tu* au lieu de *te* qui est un solécisme. Il est impossible, en effet, de rendre raison de cet accusatif et de le rattacher à quoi que ce soit. Je crois, en outre, que ce n'est pas *prosperior* qui appelle

(1) *Appendix*, 1, v. 71, 72.

quam te, c'est *meliora*, et encore, je le répète, est-ce *quam tu* que ce comparatif exigerait : ce qui donnerait un sens absurde. Mais, si au lieu de *tu* et *te*, on met *quæ* qui se rapporte à *vota*, on rend à ces vers leur construction et leur sens naturel, et on lit :

Esto tamen quo vota tenent meliora parentum,
Prosperior quam *quæ* terra Thoringa dedit.

ou : *Vota meliora quam quæ Thoringa prosperior dedit.* « Cependant reste où te retiennent les vœux de tes parents, vœux meilleurs que ne le furent pour toi ceux de la Thuringe, quand elle était plus heureuse. »

Dans cette rectification, il me semble, pour parler comme Louis Quicherat, « n'avoir fait qu'un usage légitime de la critique », et si j'osais, j'ajouterais avec lui « que, souvent la critique est restée en deçà de ce qu'elle pouvait se permettre, et que les textes se ressentent encore tristement de l'excessive tolérance des éditeurs [1] ». Ceci s'applique exactement au texte de Fortunat.

Si je poursuivais ces remarques aussi loin qu'il serait nécessaire, il y faudrait un volume, chacune d'elles demandant un certain développement. C'est le privilège des auteurs de décadence de requérir plus d'explications et pour de moindres objets, que les auteurs des belles époques. Je m'en tiendrai donc ici à celles-là. On en trouvera plusieurs autres dans les notes qui sont à la suite de chaque Livre de Fortunat, dans ma traduction de ce poète, comme aussi et souvent l'aveu de mon impuissance à résoudre certaines difficultés. Mais j'aurai montré le chemin; il

(1) *Mélanges de philologie*, p. 73; 1879.

ne manquera pas sans doute de plus habiles pour arracher les ronces que j'aurai laissées derrière moi, et peut-être aussi pour m'apprendre que j'en ai semé moi-même où il n'y en avait pas.

CHAPITRE III

DES POÉSIES DE SAINTE RADEGONDE ATTRIBUÉES JUSQU'ICI A FORTUNAT.

Les auteurs divers qui se sont occupés des poésies de Fortunat ont fort disserté sur la part qu'y aurait eue sainte Radegonde. Tous s'accordent à dire que deux poèmes du recueil de Fortunat, *la Ruine de la Thuringe* et *Artachis*, où Radegonde parle en son propre nom, ne sont pas des œuvres qu'elle ait écrites, mais qu'elle les a inspirées à Fortunat. On a dit la même chose, mais avec plus de fondement, du poème sur *Galsuinthe*, où c'est Fortunat qui parle et non pas Radegonde.

Les critiques auxquelles on s'est livré pour éclaircir le premier point ont donné lieu à des conjectures plus ou moins bizarres, et à une sorte de reconstitution fort originale, bien qu'à peu près toute de fantaisie, de la vraie tradition historique. D'éminents écrivains qui n'avaient pas besoin de ce divertissement pour se faire connaître, ont donné l'exemple; d'autres de moindre mérite l'ont suivi. Il en est résulté une série de tableaux hybrides, dont quelques-uns jouissent encore d'une popularité distinguée, mais qui n'en tiennent pas moins du roman autant que de l'histoire. C'est même à cette ressemblance avec le roman d'imagination pure qu'ils doivent une bonne partie de la faveur dont le public persiste à les honorer, comme aussi c'est à l'espoir d'obtenir un égal succès que nous devons tant d'autres écrits du même genre et de moindre talent. Je me figure un Bayle portant la serpe dans ces bocages historiques d'une végétation si luxuriante; quel abatis!

Ni dans Fortunat, ni dans Baudonivie, ni dans Hildebert, trois biographes de sainte Radegonde, il n'est dit qu'elle ait contribué en quoi que ce soit aux poésies de Fortunat. Il n'y est pas non plus fait la moindre allusion à celles qu'elle composait elle-même. Ses biographes, n'ayant eu pour objet que d'écrire la vie d'une sainte, n'ont point dû parler d'un mérite qui leur semblait trop frivole pour être mis en ligne de compte avec ceux qui confèrent la sainteté et qui la justifient. Il est très vrai pourtant que sainte Radegonde contribua aux poésies de Fortunat, en ce sens que, pendant bien des années, le poète, comme il le dit lui-même quelque part (1),

(1) Append., pièce 16.

fit des vers *par son ordre.* D'où l'on peut admettre par voie de conséquence que Radegonde en indiquait, quelquefois au moins, les sujets, et usait d'un droit de critique sur la manière dont ils avaient été traités. Dans l'un et l'autre cas, elle était très compétente, car elle faisait elle-même des vers, et nous verrons tout à l'heure qu'elle s'y entendait. A cet égard nous avons le témoignage irrécusable de Fortunat. « Vous m'avez envoyé, lui écrit-il (1), de grands vers sur de petites tablettes : vous nous donnez de bons repas aux jours de fêtes; mais de vos mets, ceux dont je suis le plus friand, ce sont vos paroles. Vos petits vers sont tout à fait charmants; il n'en est pas un qui ne captive le cœur. » Remarquons d'ailleurs que Radegonde avait reçu une instruction très soignée et

(1) Append., pièce 31.

très étendue. Elle savait bien le latin; peut-être n'ignorait-elle pas le grec, car elle lisait les Pères qui ont écrit en cette langue, et ses biographes ne disent pas qu'elle les lût dans des traductions latines. Quoi de plus simple qu'elle ait appris à faire des vers latins ? Si nous avions toutes les poésies de Fortunat, il nous en apprendrait sans doute davantage. Il reste acquis toutefois que sainte Radegonde était poète, et ce n'est pas sans grâce que Fortunat lui fait compliment de ses vers. Malgré cela, il paraît bien que les critiques n'ont point connu ce passage ; personne du moins ne l'a allégué, quoique la pièce d'où je l'ai tiré soit découverte et publiée depuis un demi-siècle (1).

Cette ignorance d'un document qu'on avait sous la main justifie la remarque

(1) Par Benj. Guérard, dans *Notices et extraits des manuscrits*, t. XII, partie II, p. 75 et suiv.

que j'ai déjà faite ailleurs, savoir que les historiens, qui ont écrit de Fortunat et de ses relations avec la royale recluse du monastère de Sainte-Croix de Poitiers, ont étudié très superficiellement ses poésies. Mais Fortunat n'est pas de ces poètes qu'on puisse lire diagonalement ou en sautant telle ou telle pièce; il faut le lire de suite et tout entier, en le disséquant, si j'ose parler ainsi, et en ne quittant le scalpel qu'au dernier vers. Sans quoi nombre de mots, de passages qui, pour être entendus, auraient besoin d'être éclaircis par d'autres, qu'un lecteur superficiel n'a point vus ou qu'il a dédaignés, sont et demeurent pour lui tout à fait inintelligibles.

Mais, avant d'aborder les poésies que je crois être l'œuvre personnelle de sainte Radegonde, il convient de parler d'un poème où Fortunat s'est très vraisemblablement inspiré d'elle, et qu'il a certainement écrit d'après les renseignements qu'il en a reçus. C'est le poème intitulé *Galsuinthe* (1).

Le poète raconte et déplore avec un grand appareil de sensibilité la destinée de Galsuinthe, fille d'Alhanagilde, roi des Visigoths d'Espagne, et sœur aînée de Brunehaut, femme de Sigebert, roi d'Austrasie. Chilpéric l'avait fait demander en mariage à son père qui la lui avait accordée. Quand, pressée par les messagers de Chilpéric, la princesse dut partir, les incidents les plus dramatiques signalèrent ce départ et en retardèrent longtemps l'exécution. Goïsuinthe, mère de la fiancée, ne

(1) Livre VI, pièce 5. Un résumé en a été donné par Aug. Thierry dans ses *Récits mérovingiens*, et le mieux sans doute serait d'y renvoyer le lecteur; mais ici il est indispensable d'en faire un nouveau résumé pour rendre plus claires et plus démonstratives les explications qui doivent s'y mêler ou qui les suivront.

peut se détacher des étreintes de sa fille ; elle apostrophe avec véhémence les envoyés du roi qui reviennent à la charge et lui marchandent la permission de retenir plus longtemps la future épouse de leur maître. Alors Goïsuinthe, s'adressant à sa fille, lui tient un discours entrecoupé de sanglots, et où le désespoir d'une mère, à qui l'on ravit sa fille, se mêle aux accents d'une tendresse impétueuse et presque farouche. Ce discours est bien long et peu fait pour calmer l'impatience des envoyés. Elle le termine enfin par ces mots : « Adieu, ma fille, sois heureuse, mais je t'en conjure, prends garde à toi ! » Avertissement sinistre auquel l'événement ne tardera guère à donner raison.

La fille monte sur le char qui doit l'emporter, la mère y monte avec elle. On franchit la porte de Tolède, on arrive sur le pont. De là Galsuinthe, tournant ses regards vers la ville, l'interpelle en termes amers. Elle lui reproche d'oublier qu'elle a été nourrie dans son sein, de la laisser enlever comme une proie, et chasser hors de ses murs comme une pestiférée. Ce mouvement est très beau et d'un grand pathétique. A son tour Goïsuinthe reprend la parole et ne fait guère que reprendre son premier discours. Une mère ainsi éprouvée ne craint pas de se répéter. Mais le moment de se quitter est venu. On s'embrasse une dernière fois. La mère descend du char et le regarde partir, tandis qu'elle reste immobile à sa place et comme pétrifiée. Le char disparaît à l'horizon.

Galsuinthe passe les Pyrénées, arrive à Narbonne, puis à Poitiers. C'est montée sur un char d'argent en forme de tour qu'elle fait son entrée dans cette ville. Elle la traverse sans aller voir Radegonde, et sans que celle-ci puisse la voir elle-même.

Le poète insinue qu'il y eut des obstacles à ce qu'elles se visitassent; on ne devine pas lesquels, mais il ajoute que Radegonde put au moins communiquer avec Galsuinthe par des messages. Quel pouvait être l'objet de ces communications, si ce n'est de la part de Galsuinthe le désir de faire savoir à Radegonde pourquoi elle quittait sa patrie, et les circonstances douloureuses de sa séparation d'avec sa famille?

Arrivée à Rouen, la princesse visigothe y épouse Chilpéric. Un an s'était à peine écoulée qu'elle était étranglée par ordre de son mari et, ajoute-t-on avec toute vraisemblance, à l'instigation de Frédégonde. La nouvelle en vint avec la rapidité de l'éclair à sa sœur Brunehaut et à sa mère. L'une et l'autre exhalent leurs plaintes, chacune en un discours. Il n'est pas jusqu'à la nourrice qui ne prononce aussi le sien. C'est abuser du discourir; mais nous avons affaire à un déclamateur, et quoi de plus favorable à la déclamation que les discours ?

Ce poème d'ailleurs est un véritable drame, et je pense qu'il aurait grand air au théâtre. Peut-être l'y eût-on porté depuis longtemps si les auteurs dramatiques eussent appris où en étaient déposés les éléments. Il est donc probable que le peu de relations de ces auteurs avec Fortunat nous a jusqu'ici privés d'un chef-d'œuvre. On en a fait au moins des images, et c'est aujourd'hui avec les poupées une des étrennes du jour de l'an. Quoi qu'il en soit, seul le poème intéresse vivement. La poésie, avec ses incorrections, en est élevée et pleine d'éclat; on y sent une émotion à laquelle le terre à terre habituel de l'auteur ne nous avait pas préparés. La cause n'en est pas tout à l'art du poète; le sujet en a le principal mérite. On est tout entier à cette lamentable histoire d'une fille arrachée aux bras de sa mère, de ces envoyés d'un roi cruel et voluptueux qui la conduisent moins à ses noces qu'à son dernier supplice, de ce meurtre d'une jeune reine à peine intronisée par un mari lâche, soumis aux volontés d'une concubine jalouse et féroce. On reste sur ces impressions jusqu'à en oublier le poète.

Ceux qui, vaguement convaincus, mais entraînés par le courant, déclarent que Radegonde a ici inspiré Fortunat, ceux-là, dis-je, ne se trompent pas; ils ont tort cependant et de se prononcer à cet égard sur de simples inductions, et de faire en même temps tous leurs efforts pour transformer les inspirations que reçut Fortunat en inspirations qu'il eut de lui-même. Non, les beautés de cette pièce ne viennent pas toutes de lui; il serait plus juste de dire qu'elles viennent de Radegonde; on y reconnaît son esprit et sa touche; le cri qu'on y entend est le cri d'une femme, non pas seulement d'une femme germaine ayant, comme on l'a prétendu, je ne sais quoi de particulier dans l'expression des passions douces ou violentes, mais d'une femme de tous les pays et de tous les temps. Cela perce et se fait jour à travers les pensées fausses, les antithèses fades, les comparaisons hétéroclites et les hyperboles criantes, toutes mauvaises fleurs qui ne poussent pas dans les parterres de sainte Radegonde et qui encombrent ceux de Fortunat. Jamais Radegonde n'eût dit que « la douleur ourdit le fil de nos larmes [1] », que « Galsuinthe, allant contre son gré épouser un roi dans un pays du Nord, aurait voulu du moins que le froid y fût traversé par les feux de l'amour pour avoir

[1] Livre VI, vers 22.

chaud dans ce pays glacé [1]. » Elle n'eût pas dit davantage que « du feu dont ses larmes sont nourries jaillissent les eaux qui arrosent son visage [2]. » Encore moins que « la mère était plus suspendue sur ses pensées que la fille sur son char; que l'une était ballotée par ses désirs, l'autre à chaque tour de roue [3]. » Au contraire, souvent on rencontre dans notre poème des traces de la sensibilité vive et tendre de la reine découronnée et cloîtrée, des réflexions fines, délicates et justes suggérées par son simple bon sens ou son expérience personnelle, et qui, là même et dans ses propres poésies (on en verra bientôt la preuve), coulent de sa plume, comme le miel, selon une expression chère à Fortunat, coulait de ses lèvres. La prosopopée de

(1) Livre VI, vers 25, 26.
(2) *Ibid.*, vers 122, 123.
(3) *Ibid.*, vers 195, 196.

Galsuinthe à la ville de Tolède est toute dans sa manière ; elle a des grâces naïves qu'il est impossible de mettre au compte de Fortunat, de ces accents pathétiques dont la source ne peut être que dans le cœur d'une femme.

Je crois pourtant que l'idée d'écrire cette élégie serait venue d'elle-même à Fortunat, quand Radegonde ne la lui aurait pas conseillée, et ne lui en aurait pas fourni l'argument. Ce sujet l'attirait. Et puis quelle matière à déclamation ! Il avait vu la triste Galsuinthe traverser sur son char d'argent les rues de Poitiers, et ce spectacle, et le récit des adieux à Tolède, objet probable des messages de la jeune princesse à Radegonde, et dont celle-ci avait fait part à Fortunat, enfin la nouvelle soudaine de la mort tragique de Galsuinthe causèrent à notre poète cette émotion extraordinaire qui communiqua à sa poésie le feu dont elle est animée et qu'attisa Radegonde en y mêlant la sienne. La grande pitié que la veuve de Clotaire ressentait pour cette autre reine, dont les malheurs lui rappelaient les siens et les surpassaient, dut la déterminer à cette collaboration anonyme et qui sauvegardait sa modestie.

Voilà pour le poème de Galsuinthe. Quant aux deux autres, *la Ruine de la Thuringe*[1] et *Artachis*[2], Radegonde en est, selon moi, l'unique auteur. Là, l'aimable fille des rois de la Thuringe et le témoin, si j'ose parler ainsi, toujours palpitant des horreurs qui signalèrent leur destruction, parait en scène et y parle en son nom, comme ne s'étant rapportée qu'à soi pour redire ses propres malheurs, et rouvrir de ses mains des blessures que le temps avait à peine cicatrisées.

(1) Append., pièce 1.
(2) Append., pièce 3.

Ces deux poèmes sont sous forme de lettres. La première est adressée à Hamalafride, son cousin germain, qui s'était retiré en Orient, après la ruine de sa famille et de son pays. Elle commence par quelques lieux communs sur la vanité des grandeurs de la terre, tour familier d'ailleurs à Fortunat, mais également propre à tous les poètes qui ont quelque catastrophe à décrire, et à qui il sert comme d'ouverture et d'introduction aux idées. Elle peint ensuite à grands traits le massacre de son père et de ses proches, l'incendie de leurs palais, les morts les plus illustres restés sans sépulture, les champs jonchés de cadavres, les larmes qu'elle versa sur tant d'horreurs, et la part qu'elle prit elle-même aux malheurs de tous. Elle était pourtant bien jeune alors et n'avait que huit ans ou environ. Mais outre qu'elle était déjà, comme elle l'a bien fait voir dans son adolescence, d'une imagination précoce et vive, il y avait de quoi mûrir rapidement ses facultés réflectives dans le spectacle des crimes qui avaient épouvanté ses regards. Elle écrivait bien des années après les événements; mais le travail qui se faisait alors dans son esprit, en se les remémorant, lui représentait comme dans un miroir et ceux qu'elle avait vus elle-même, et ceux dont elle avait entendu parler. Elle rappelle à ce cousin, dont elle est trop oubliée, qu'il fut le protecteur de son enfance, et qu'il lui prodigua, comme s'il eût été son père, les soins les plus attentifs et les plus tendres caresses. Et ce cousin ne lui écrit même pas! « Une lettre, dit-elle avec grâce, m'eût rappelé sa figure, ou son portrait m'eût rendu l'homme que la distance me dérobe. Je saurais quelle vertu de nos ancêtres, quelle gloire échue à nos parents revivent en toi; je saurais si sur ton visage se jouent les couleurs vermeilles de celui de ton père. » Elle lui demande en quel pays de l'Orient il demeure. « Ah ! si elle n'était esclave de la sainte clôture du monastère, elle s'embarquerait pour aller trouver cet oublieux, elle braverait les tempêtes et se ferait un jeu des périls qui effraient les nochers eux-mêmes. Si elle faisait naufrage, elle s'accrocherait à quelque débris et nagerait de toute la force de ses bras pour aller le rejoindre. Viendrait-elle à périr et son corps échouer sur la grève, il l'ensevelirait dans le sable et lui dresserait un tombeau (1). »

Ici elle s'interrompt. C'est qu'un autre souvenir l'a soudain envahie, celui de son frère amené et élevé avec elle à la cour de son mari, et que ce mari avait fait égorger, on ne sait sous quel prétexte. Elle s'ac-

(1) Append., pièce 1, vers 105 et suiv.

cuse d'être la cause de sa mort, pour n'avoir pas voulu qu'il la quittât, quand il se préparait à aller rejoindre en Orient son cousin, ou du moins pour en avoir par ses instances retardé le départ. « Oui, frère, s'écrie-t-elle, je suis une impie. J'étais responsable de ta vie, je suis la seule cause de ta mort, et je ne t'ai pas donné un tombeau ! » Ses anciennes douleurs se ravivent; elle revient sur les massacres de la Thuringe. « J'ai quitté une fois ma patrie, dit-elle, je fus captive deux fois, puis de nouveau en butte aux violences de nos ennemis, après la mort de mon frère. Cette mort fit revenir les larmes que je n'avais pu verser sur la tombe de mon père, de ma mère, de mon oncle et de mes autres parents... Ce que je souffris, alors, je ne pourrais le dire, même étant près de toi, et, navrée comme je le suis, les consolations y seraient inutiles... Apaise mon chagrin par tes bonnes paroles. Le souci que j'ai de toi, je l'ai aussi de tes sœurs ; je les aime de cet amour qui naît de la consanguinité. Si, comme je l'espère, elles vivent encore, offre-leur mes tendres embrassements (1). »

A cette lettre si éplorée et si affectueuse il fut répondu, hélas ! par un autre que le destinataire. Hamalafride était mort, et ce fut Artachis, né en Orient d'une de ses sœurs, et que Radegonde appelle son neveu, qui lui en écrivit la nouvelle. Elle en fut accablée. Dans son désespoir elle répond à Artachis : « Qui me reste-t-il maintenant à pleurer ?... Tous sont morts ! Tu leur survivais, Hamalafride, et voilà que tu es mort aussi ! Et c'est pour l'apprendre à Radegonde, depuis si longtemps oubliée, qu'on a écrit cette lettre si triste et qui dut vous coûter

(1) Append., pièce 1, vers 145 et suiv.

à vous-mêmes ([1]) bien des larmes ([2])! » Avec cette lettre Artachis avait envoyé à Radegonde de la soie à broder : « J'ai longtemps attendu, lui dit-elle, un pareil présent de celui que j'aimais ([3]) ! Est-ce de l'armée que tu me l'envoies? Ces écheveaux destinés à être mis en œuvre veulent-ils dire que, pendant que je les filerai, ma tendresse de sœur ([4]) y trouvera du soulagement? Voilà donc les marques d'intérêt que tu offres à ma douleur!... Ici, mes vœux, accompagnés de larmes, suivaient un autre cours; ils attendaient autre chose que ces amères douceurs ([5]). » Ces paroles étaient presque un reproche. Mais elle les corrige aussitôt en se reprochant à elle-même de parler

([1]) C'est-à-dire à Artachis et à sa famille.
([2]) Append., pièce 3, vers 5 et suiv.
([3]) C'est-à-dire d'Hamalafride, son cousin.
([4]) Elle appelait aussi ce cousin son frère.
([5]) Append., pièce 3, vers 3 et suiv.

ainsi à son neveu, et en lui donnant pour excuse l'excès de son affliction. Elle finit en priant Artachis de lui rendre en sa personne le bon parent qu'elle a perdu, et de lui être par l'amitié ce que ce bon parent avait été pour elle avant lui.

Concluons. Ces deux poèmes où l'on trouve à peine un exemple de ce mauvais goût qui abonde dans les poésies de Fortunat, où la douleur éclate par explosions et n'en est que plus naturelle, où l'on ne rencontre ni de ces images grandioses empruntées à l'Écriture sainte et dont un ecclésiastique, comme était Fortunat, use ainsi qu'un prodigue de son bien, ni de ces déclamations auxquelles les vraies douleurs répugnent, précisément parce qu'elles sont vraies; où il y a de la délicatesse, de la noblesse jusque dans la vivacité de la plainte, où enfin la poésie elle-même a parfois la clarté et la facilité de celle d'Ovide, ces deux poèmes, dis-je, à mon humble avis, n'ont pas été seulement pensés, mais ont été écrits tout entiers par Radegonde. Que Fortunat ait été obligeamment prié d'en dire son sentiment, cela n'est pas douteux, vu l'étroite intimité qui existait entre les deux poètes, et les envois qu'ils se faisaient journellement de leurs vers ; qu'il ait même retouché çà et là ceux dont il s'agit, avec l'agrément de l'auteur, cela n'est pas impossible ; en tout cas il y a mis beaucoup de réserve. C'est à peine si l'on reconnaît son style dans quelques vers, lesquels ne sont pas des meilleurs et sont faciles à distinguer. Quant à l'essence même des deux pièces, jamais, quelle qu'ait été dans Fortunat la puissance de s'assimiler les idées d'autrui, il n'eût pu rendre, comme elles sont ici rendues, celles de sainte Radegonde, encore moins les eût-il tirées de son propre fonds.

Ce fut sans doute un saint prêtre, et la voix publique qui, en ces temps de foi, était encore la voix de Dieu, eut raison de le canoniser; mais, si le titre de saint implique la possession des mérites particuliers inhérents à ce caractère, il en est d'autres dont un saint peut se passer sans que l'auréole qui illumine sa tête en soit moins brillante. Tel est le mérite de la poésie. A Dieu ne plaise que je déclare impossible d'être à la fois un saint ministre des autels et un artisan consommé dans la poésie. Mais s'il est vrai que Fortunat fut le premier, il n'est pas encore et il ne sera jamais démontré qu'il fut le second. Au reste, ce que j'en dis n'est que pour quereller un peu certains admirateurs enthousiastes de Fortunat, qui m'ont paru conclure de sa sainteté qu'il était nécessairement un bon poète.

Rien de plus aimable, de plus gracieux,

de plus naïf et de meilleur goût que le passage où sainte Radegonde rappelle les années de son enfance vécues dans la société intime d'Hamalafride, de ce cousin qui remplaçait auprès de l'orpheline un père égorgé peut-être sous ses yeux, de ce consanguin qui s'était créé des devoirs sacrés envers elle, et qui n'avait pour elle que des caresses pures et telles qu'un père en a pour ses enfants. C'est court, mais il y a tout ce qu'il faut. Maintenant, pour parler comme un biographe récent du poète, qui paraît l'avoir vu au moins en rêvant, « qu'on se figure Fortunat penché sur ses tablettes, pensif et gravant ses vers pour la postérité, » qu'on se le figure, ajouterai-je, essayant, dans cette attitude solennelle, de raconter comment les choses se passaient entre la royale petite fille et son grand cousin, et cela sur les simples données de Radegonde elle-même, soyez sûrs que ces renseignements ne suffiront point à notre amplificateur, et ne seront pour lui qu'un thème où il introduira ses propres inventions, qu'il craindra toujours de n'en pas dire assez, enfin qu'il n'en sortira jamais, si ce n'est à la grâce de Dieu.

Une des meilleures pièces de Fortunat est son *Éloge des Vierges* qui, après s'être données tout entières à Jésus-Christ pendant leur vie et être mortes pour lui, sont censées devenir ses épouses mystiques dans le ciel (1). Pour un prêtre accoutumé à voir tous les jours au monastère de Sainte-Croix des vierges qui aspiraient à cette union divine et n'y épargnaient aucun sacrifice, le sujet était beau. Fortunat trouve moyen de le gâter, d'abord par son intempérance discoureuse, puis par une

(1) Livre VIII, pièce 3.

interminable comparaison entre l'état des vierges et celui des femmes mariées. Les unes et les autres aimeraient peut-être mieux rester vieilles filles que de choisir entre deux états où les épreuves à subir, et qu'on leur met sous les yeux avec une liberté d'expressions quelquefois grossière, leur paraîtraient également au-dessus de leurs forces. Le poète qui a pu se complaire à peindre des tableaux où la nature est reproduite sans idéal et sans goût ne peut donc avoir écrit les deux élégies touchantes, sobres, délicates et non dépourvues d'élégance qu'on lui a sans examen et unanimement attribuées. Une femme, je le répète, en est l'unique auteur, et cette femme est sainte Radegonde.

CHAPITRE IV.

FORTUNAT,
PANÉGYRISTE DES ROIS MÉROVINGIENS.

Fortunat, le dernier représentant de la poésie latine classique, était Italien, de la province de Trévise ou de Trévise même. Il vint en Gaule dans le temps du mariage de Sigebert, roi d'Austrasie, et de Brunehaut, c'est-à-dire en 561 ; car, comme il chanta ces noces dans un épithalame, il me paraît évident qu'il fut de la fête, et qu'il paya cet honneur en monnaie du Parnasse, ou en vers. Cette réflexion, bien naturelle, nous dispense d'approfondir les discussions fines qui ont eu pour objet de déterminer scientifiquement la date de l'arrivée du poète en Gaule, étude où je perdrais mon temps et le vôtre. Il suffit de dire, ou plutôt de répéter (car je l'ai déjà dit ailleurs), que ce fut en 564 ou 566, ni en deçà ni au delà.

De tous les jugements portés sur Fortunat, favorables pour la plupart, aucun n'est parvenu à faire de lui un personnage illustre, un bon poète, un grand évêque. C'est qu'en effet il ne fut rien de tout cela, à beaucoup près. Il resta dans cette douce médiocrité des sages où l'on tire parti des choses et du temps, selon l'occasion, et où l'on ne fait état que des biens présents, sans se tourmenter de ce qu'en dira la postérité, ni même si elle en dira rien. Cet état est très compatible avec l'entregent et la bonté. Fortunat avait l'un et l'autre, et je m'imagine que, lorsque étant évêque il commença de vivre dans l'agitation de son ministère, ses nouveaux devoirs durent troubler plus d'une fois la passion qu'il avait de n'être jamais déplaisant à personne. Plus d'une fois donc aussi il dut capituler. Il était prudent, non comme un homme qui sait discerner et choisir dans la pratique de la vie, mais comme un homme qui a peur de se compromettre, et qui aime mieux tout louer que de critiquer rien. Sa vue ne s'étendait pas au delà des choses dont elle était frappée ; il manquait de prévoyance. Il s'en fallut de peu que ce défaut ne lui causât de méchantes affaires. Mais la protection de sainte Radegonde dont il était, comme on le sait, à la fois l'intendant et l'ami, et le peu d'importance qu'attachaient à ses actes les personnes qui auraient pu lui nuire lui épargnèrent les mésaventures. Il fut donc toujours aimé et de tous. Ce fut à peu près sa seule ambition. Heureux d'être poète, si l'on peut appeler ainsi un pareil artisan de vers, il travaillait pour louer le monde, le plus souvent sur commande et dans tous les genres. Toutefois, après Dieu et les saints, sa lyre sonna de préférence pour les rois, les reines, les grands seigneurs, les grandes dames et les évêques. Il s'était comme inféodé à cette charge, et il en payait exactement les dîmes.

Sauf des impressions plus ou moins vives et qui sont comme le fond de sa poésie, il a très peu d'idées et point de souvenirs. On n'a jamais pu lui constituer une enfance, une jeunesse; il y aide peu : un nom de sœur, une localité vague, c'est là tout ce qu'il nous communique touchant son pays et les siens. Tout entier au présent, il n'a pas l'air de se douter d'un avenir nécessaire ou contingent ici-bas, ou bien, s'il s'en doute, il ne s'en tourmente pas, comme disent les bonnes femmes, et n'en mange et boit ni plus, ni moins. Toute sa pensée, sa vie sont dans l'actuel et pour lui l'actuel est, avec les hauts et puissants personnages que je viens d'indiquer, sainte Radegonde, la fondatrice du monastère de Sainte-Croix, et la mère Agnès qu'elle en avait établie la supérieure. Pour toutes ces personnes-là ses louanges sont inépuisables et quelquefois sur le ton de l'enthousiasme. Il lui importe peu qu'elles tombent çà et là sur des hommes célèbres alors par les scandales de leur existence, ou il semble l'ignorer, ou il croit que son désintéressement vis-à-vis d'eux suffit pour le justifier. Et, de fait, à l'exception de Radegonde, d'Agnès, de Grégoire de Tours et, avant eux, du roi Sigebert, celui-ci qui le traita avec une distinction particulière, ceux-là qui eurent soin de lui jusqu'à le gâter, on ne voit pas qu'il ait eu à d'autres aucune de ces obligations qui imposent à l'obligé le dévouement jusqu'à l'abandon de son libre arbitre.

Dans son épithalame adressé à Sigebert et Brunehaut, il n'a ni la délicatesse, ni les grâces de Catulle qu'il ne connaissait peut-être pas; mais il est aussi païen que les Romains, si ce n'est davantage. Il évoque les dieux de la mythologie grecque qui président à l'union des sexes, et leur fait parler le langage du métier presque en professeurs. Il décrit les qualités physiques et morales des époux, la fougue amoureuse de l'un, la docilité de l'autre, les démonstrations expressives par lesquelles ils égayèrent la solennité des premières entrevues, et tuèrent le temps, comme dit le peuple, jusqu'au dénouement. Mais parmi les éloges qui sont décernés nommément à Brunehaut, Fortunat n'eût-il pas bien fait, encore que l'occasion lui en fût naturellement offerte, de supprimer son allusion à la demande en mariage de Brunehaut par Gogon, au nom de Sigebert, et à l'acheminement de cette princesse en Gaule sous la protection et la conduite du même Gogon? Je le dis parce qu'il me paraît que le poète y a eu lui-même quelques scrupules. En effet, il ne nomme pas Gogon, comme si par cette réserve il se ménageait une excuse; mais il le désigne si bien et avec tant d'honneur que c'est pire que s'il l'avait nommé. *Duce rege sereno*, dit-il (1). Quoique le nom de *rex* ne soit ici donné à Gogon qu'au sens de riche et puissant, Sigebert et Brunehaut, qui ignoraient sans doute cette signification, durent être un peu surpris de cette *royauté*. Le louangeur des rois avait donc été trop loin en leur associant un favori qui, au fond, était leur serviteur, et en lui donnant un

(1) Livre VII, pièce I, vers 114.

titre qui n'était pas le sien. Les rois sont jaloux, surtout les rois barbares, et s'ils dédaignent de se venger sur le louangeur du trop de bien qu'il dit de leurs favoris, c'est sur ces favoris qu'ils se vengent. Fortunat ne semble ne l'avoir su, ni prévu ; sa grande amitié pour Gogon l'avait aveuglé. Si je ne vais pas jusqu'à dire que son indiscrétion eut pour effet la mort du personnage le plus distingué et le plus élevé de la cour de Metz, il est permis de croire qu'elle n'y fut peut-être pas étrangère.

Gogon était convive de Sigebert, par son rang et par sa naissance, et, de plus, il en était l'ami. Sa mission en Espagne avait été la plus grande marque de cette amitié que la reine, comme on le verra tout à l'heure, était fort loin de partager. Quoi qu'il en soit, Gogon avait un esprit très cultivé, de l'éloquence et du style. Fortunat le compare à Cicéron pour l'abondance, à Orphée pour la séduction ou par cette vertu qu'il avait de charmer et d'attirer à soi tous les cœurs. Sa prudence, dit encore le poète, était extrême, et sa raison, toujours en éveil, recélait comme un foyer d'enjouement. La convivialité royale lui avait-elle raffiné le goût? En tous cas, il l'avait délicat pour le temps, et il donnait d'excellents soupers. Il y invitait Fortunat qui était gourmand, et qui eût mangé sans faim plutôt que de refuser. Il refusa pourtant une fois et il s'en excuse assez plaisamment : « Je demande grâce, dit-il, j'ai le ventre bourré de viande de bœuf; je me recueille. Le mélange avec d'autres viandes me donnerait la colique. Où le bœuf est couché, il n'y a place ni pour le poulet, ni pour l'oie; je pense qu'ils prendront la fuite. Dans la lutte entre cornes et plumes la partie ne serait pas égale. Cependant, appesantis par le sommeil, mes yeux se ferment; la faiblesse de ces vers prouve que je dors déjà ([1]). »

Je reviens au portrait de Gogon : « Votre esprit, continue Fortunat, lance des éclairs; des traits de feu jaillissent de votre cœur. Le soleil et les nuages règnent tour à tour dans le ciel. Le jour qui luit en vous est toujours serein. Le fond de votre âme est le temple de la piété; vous êtes une maison construite de matériaux sacrés. Toute votre personne a des beautés et des grâces qui ne sont qu'à vous, et votre visage est le reflet de votre âme. Tous les éloges possibles sont compris dans celui-ci : il ne se peut rien voir de plus beau que vous ([2]). » Je m'arrête. Tel est en abrégé le portrait de Gogon; tel est l'homme à qui furent un moment confiées la conduite

([1]) Livre VII, pièce 2.
([2]) *Ibid.*, pièce 1.

et la garde d'une jeune princesse sans expérience et emmenée pour la première fois loin du giron maternel. Il faudrait ne pas connaître les hommes pour croire qu'un pareil mentor ait pu oublier en présence de cette charmante fille aucun des avantages personnels dont il était doué, et qu'il se soit abstenu de les mettre en relief. Je ne l'affirme pas pourtant, n'ayant pas de preuves qui m'y autorisent; mais, outre que le silence de tous les historiens, à commencer par Grégoire de Tours, sur la cause de la disgrâce de Gogon, est à bon droit suspecte et indique je ne sais quelle réserve obligée, il faut considérer que dans un temps où les mœurs des cours étaient, pour ainsi dire, tout animales, et où l'on jouait sa vie tous les jours plutôt que de résister à une tentation glorieuse, il est assez naturel de supposer que Gogon ait laissé deviner ses sentiments à la princesse, si même il n'essaya pas de les lui faire agréer. Mais, sans aller jusque-là, on en a assez pour s'expliquer la haine dont Brunehaut le poursuivit depuis son mariage, et ses instances réitérées auprès de son mari pour qu'il l'en débarrassât. Si je ne me trompe, on lit quelque chose comme cela à travers ces lignes laconiques de Grégoire de Tours : « Tout, dans le gouvernement des affaires, réussit à Gogon jusqu'au jour où il ramena Brunehaut d'Espagne. Depuis, il ne cessa d'être odieux à la reine, et Sigebert le tua [1] à l'instigation de sa femme. » Qui sait si les compliments de Fortunat à l'orgueilleux majordome n'exaspérèrent point encore le ressentiment de Brunehaut? Qui sait s'ils ne la décidèrent pas à faire disparaître par un meurtre un homme dont on ne pouvait ainsi vanter la

[1] GRÉGOIRE DE TOURS, *Epitomata*, 59 : « Sigebertus interfecit. »

beauté, sans qu'il en rejaillît sur elle-même le reproche indirect d'en avoir méconnu la puissance ?

Heureusement l'imprudence du poète n'eut pas de résultat fâcheux pour lui-même. On l'aimait à la cour d'Austrasie ; peut-être s'en amusait-on un peu ; certainement on lui passait ses incartades qu'on mettait obligeamment sur le compte de la poésie. Il n'abusait pas de la tolérance, mais il recommençait. Ainsi, j'ai relevé quelques traits de hardiesse qui, tombant pour ainsi dire au travers d'une pluie de louanges en l'honneur de personnages tels que Chilpéric et Frédégonde, ne laissent pas que de faire sursauter de surprise, et de forcer le lecteur à se demander s'il y voit bien clair. Dans une épitaphe de Chlodebert, mort à quinze ans d'une maladie contagieuse, le poète nous dit que Chilpéric « eut ce fils de son mariage avec la reine

Frédégonde (¹); » ce qui est contraire à la vérité, ce même fils et un autre qui mourut de la même maladie étant nés avant le mariage. Ce compliment pouvait ne point toucher Chilpéric qui sans doute n'y tenait pas beaucoup, mais il devait flatter Frédégonde, quoiqu'il pût lui laisser le remords de ne l'avoir pas mérité. Le poète ajoute que « Chlodebert vécut innocent et ne mourut point par un crime (²) ». Voilà qui dut sonner mal aux oreilles d'une femme ayant à sa charge tant de morts d'innocents, et à qui cette remarque en rappelait bien quelque chose. Mais à présent qu'elle est reine légitime, « il ne lui sied plus, dit le poète, d'être triste, puisque son époux règne, et qu'elle est fière de partager sa couronne et son lit (³) : » consola-

(¹) *De regina Fredegunde jugali.*

(²) *Innocuus vivens, sine crimine lapsus.* Livre IX, pièce 4.

(³) *Sed gaudeat alta toro.* Livre IX, pièce 2, vers 94.

tion peut-être un peu bourgeoise, mais certainement assez humiliante pour une reine arrivée au trône par des voies criminelles, et si foncièrement orgueilleuse.

Dans la première pièce du Livre IX, où il fait ce prodigieux éloge de Chilpéric et de Frédégonde, éloge qui dément avec tant d'éclat les récits de Grégoire de Tours, son illustre ami, il y a un passage enveloppé d'une obscurité évidemment calculée, et où les faits les plus terribles sont présentés sous un aspect nébuleux, et avec une réserve qui n'est pas seulement la marque de la défiance, mais encore et surtout celle de la crainte. Il dit au roi dans ce passage :

« Un grand péril menaçait votre tête; il allait vous accabler; mais votre heure n'était pas venue, et la mort fut écartée. Pendant qu'elle voltigeait autour de vous, en brandissant ses armes, le sort, mais cette fois avec l'aide de Dieu, vous arracha aux glaives. Dans cette extrémité vous revîntes de la mort à la vie, et le jour qui devait être le dernier de vos jours en fut le premier. La foi prit les armes et combattit pour vous. Votre cause fut gagnée sans vous, et le haut siège (c'est-à-dire de Paris) revint à qui il appartenait en propre. »

Éclairons ces ténèbres. Le grand péril qui menaçait Chilpéric n'était rien moins que la perte du royaume de Paris dont il s'était emparé contre la foi des traités, sa mort peut-être et celle de Frédégonde et de leurs enfants. Il avait brutalement attaqué ou plutôt fait attaquer par son fils Théodebert le roi d'Austrasie. Sigebert, vaincu d'abord, avait vaincu ce fils à son tour, et il le poursuivait avec cet acharnement dont les fils incestueux d'Œdipe et de Jocaste ont donné un si fameux exemple. C'étaient là les armes que la mort brandissait sur la tête de Chilpéric, et qui l'enveloppaient de toutes parts. Sigebert prit toutes ses villes en deçà de Paris, et Paris même où il fut proclamé roi. Il allait assiéger Chilpéric à Tournai, où ce prince s'était réfugié, lorsque Germain, évêque de Paris, l'arrêta et lui dit : « Si tu pars sans l'intention de tuer ton frère, tu reviendras vivant et vainqueur; si tu as un autre dessein, tu mourras, car le Seigneur a dit par la bouche de Salomon : « Si tu prépares une fosse à ton frère, tu y tomberas le premier (1) ». Or, Germain, c'est au sentiment du poète la foi elle-même qui prenait les armes pour Chilpéric, et qui, Dieu aidant, faisait tomber les glaives des mains de ses ennemis.

Sigebert refusa d'écouter l'évêque et partit, il était arrivé à la maison royale de

(1) GRÉGOIRE DE TOURS, *Historia Francorum*, Livre IV, chapitre LII.

Vitry, lorsque deux serviteurs, « séduits par les maléfices de la reine Frédégonde, dit Grégoire de Tours, et armés de scramasaxes à la pointe empoisonnée, s'approchèrent de lui et lui percèrent en même temps les deux côtés. Sigebert jeta un cri et tomba; peu après il rendit l'esprit [1]. » C'est en effet par ce nouveau meurtre que cette grande pourvoyeuse de morts royales, Frédégonde, gagnait la cause de son mari *sans lui, sine te tua causa peregit,* et lui rouvrait les portes de Paris, de ce haut siège dont il avait été naguère ignominieusement chassé. Par ce *sine te* Fortunat absout visiblement Chilpéric du crime de complicité avec les assassins de son frère, par conséquent avec celle qui avait dirigé leurs coups. Frédégonde dut le sentir; mais Fortunat avait été si discret ou plutôt

[1] GRÉGOIRE DE TOURS, *Historia Francorum*, Livre IV, chapitre LII.

si confus qu'elle n'osa ou ne voulut pas se fâcher.

D'ailleurs, dans ce splendide panégyrique des vertus de son époux, Frédégonde n'est pas oubliée, et sa part, pour être moins grande, est encore assez belle. « Que d'un trône, y est-il dit, dont les annexions se multiplient on vous laisse jouir en paix, vous et votre épouse, l'honneur du royaume par ses mœurs, et qui le gouverne en exerçant avec vous l'autorité. Femme de bon conseil, intelligente, adroite, circonspecte, utile à la cour, se faisant aimer par ses largesses, excellant enfin en toutes sortes de mérites, l'illustre Frédégonde est de plus belle comme le jour. Portant le poids des soucis de la royauté, elle est pleine de tendresse pour vous et vous seconde efficacement. Dans son zèle à stimuler davantage les vœux dont vous êtes l'objet, elle demande et obtient pour vous les prières de Radegonde. La gloire du roi a sans doute assez d'éclat par elle-même, mais la reine en est le couronnement [1]. »

Il y a quelque embarras dans ces éloges qui donnent un démenti si éclatant à toutes les traditions de l'histoire; le poète n'y semble pas à son aise; de plus, il y est bien court. On dirait d'un calice amer qu'il se hâte de boire pour se refaire le goût au plus vite avec le miel qu'il distille à la gloire de Chilpéric. Il reprend en effet le portrait de ce prince, de ce Néron, de cet Hérode de son temps, comme l'appelle Grégoire de Tours [2], avec une abondance de couleurs et une complaisance qui sont presque de verve, et n'était le nom du peintre et celui du portrait, on penserait lire l'apologie de saint Louis. N'est-ce pas

(1) Livre IX, pièce 1, vers 114 et suiv.
(2) *Histoire des Francs*, Livre VI, chapitre XLVI.

de saint Louis qu'on aurait pu dire « qu'il se faisait un rempart d'œuvres de piété ; que sa justice était si bien réglée que personne ne se plaignit jamais de ses arrêts ; qu'il ne suivait en tout et partout que la ligne droite ; que sa bouche ne s'ouvrait jamais que pour la vérité ; qu'enfin, si l'on pouvait connaître et rassembler toutes les qualités dont il était doué, on en trouverait assez pour en faire une belle part à plusieurs personnes à la fois ? » Voilà ce qu'on dirait d'un saint Louis, au risque de déplaire peut-être à notre époque, qui est bien revenue du luxe des saints, des rois et autres encombrements de ce genre. Fortunat, lui, le disait d'un Chilpéric, c'est-à dire d'un prince dont les œuvres pieuses n'étaient pas même une expiation de ses crimes, mais une satisfaction hypocrite donnée aux évêques assez faibles pour s'en contenter ; d'un prince, dis-je, dont la justice n'avait pour conseil qu'un tempérament déréglé et la cupidité, qui préférait la ligne tortueuse à la ligne droite, à moins que la droite ne fût à la fois et la plus courte et la plus sûre pour atteindre un but immoral ou sanglant; qui ne disait guère la vérité que lorsqu'elle offrait à ses passions ou une excuse ou un moyen plus commode de les satisfaire; qui enfin, avec peu de qualités, avait assez de vices pour en céder ou en réformer beaucoup sans trop s'appauvrir.

Le second éditeur de Fortunat, Luchi, sur ce monceau de fleurs dans lesquelles Chilpéric est comme embaumé, fait cette remarque curieuse : « Il faut croire que Fortunat, à la manière des poètes, loue ce roi en gardant le silence sur ses crimes et ses turpitudes et en amplifiant ce qu'il a fait de bien, s'il en fit jamais. Il est difficile, en effet, qu'on ne trouve pas dans l'homme le plus dépravé quelques parcelles de vertu qu'il soit possible de faire ressortir et de louer [1]. » A ce compte, il n'y aurait guère de gens familiarisés avec le crime qui n'eussent la prétention de s'en faire blanchir par égard pour quelque apparence de vertu.

De tout ce qui précède, il résulte que, avec toute sa bonté, son honnêteté et sa candeur, Fortunat répugne par l'indécence et l'intempérance de ses louanges ou par leur insipidité. En est-il dupe, ou est-il imposteur? Pour dupe, il feignit au moins de l'être, sans quoi il eût payé de sa vie sa clairvoyance. Imposteur, il ne le fut ni ne voulut l'être, l'imposture étant le vice des esprits corrompus, qui se jouent de la vérité et estiment que les hommes ne sont pas dignes qu'on la leur enseigne; mais il voulait plaire et toujours plaire, mettant

(1) *Fortunat*, Livre IV, pièce 1, note *l* de l'édition de Luchi, in-4°, t. I, p. 307.

presque cette qualité au-dessus de celle de poète et s'y laissant aller jusqu'à la bassesse. Le poète n'est déjà pas au mieux dans nos papiers ; l'historien ne prend pas sa revanche. Il abonde cependant en faits qui, pour n'être pas de la première importance, ne sont pas moins très curieux. Jusqu'à présent, excepté une petite catégorie d'érudits, on l'a fort peu connu, la barbarie et l'obscurité noire de son style l'ayant fait soupçonner de n'être pas une belle connaissance ; dans l'argot littéraire de Paris, on l'appellerait un décadent, oui, mais un décadent sans malice et sans la prétention de faire des recrues. Il est seulement naturel dans la mesure où on l'est, quand on déchoit avec son temps et que la déchéance est universelle. N'aurait-il que ses billets à sainte Radegonde et à la mère Agnès qu'il serait digne des plus doux regards de la postérité. C'est l'œuvre d'un pieux et aimable ecclésiastique, en commerce épistolaire et comme de cellule à cellule avec deux saintes religieuses, dont l'une est une reine qui expie dans une réclusion volontaire et dans les plus dures mortifications les crimes de ses proches, mais qui, dans la profondeur de son abaissement, reste toujours reine. Fortunat ne l'oublie pas; il se défend avec l'une et l'autre de tout ce qui pourrait ressembler à de la galanterie. Il est familier sans doute et très affectueux; il l'est même trop peut-être pour n'être pas suspect aux esprits vicieux, mais il est autorisé à l'être par d'aimables correspondantes, que n'offensait point une certaine liberté ingénue dans les mots et qui ne pensaient pas qu'il y en eût une autre. Le pouvoir qu'elles avaient pris sur lui par cette douce tolérance était considérable. De plus, l'état de subordination où le maintenait vis-à-vis d'elles sa qualité de gérant du temporel de la communauté leur assurait son obéissance jusqu'à faire des vers à leur commandement, avec la même promptitude que la plus vulgaire des commissions pressées (1).

Parmi ces vers commandés, je n'hésite pas à compter ceux qui ont pour objet l'éloge des rois mérovingiens, principalement de Chilpéric, le plus à craindre et le plus à ménager, et où, naturellement, si je ne m'abuse, le mandataire dépasse les termes du mandat. Tous ces princes étaient alliés à Radegonde et tous ses bienfaiteurs. Ayant un poète à sa dévotion (car, bien qu'elle fût poète elle-même, on comprend assez qu'elle ne se chargeât pas de cette

(1) Radegonde n'était pas la seule personne qui lui commandât des vers; Grégoire de Tours avait le même privilège, et il en usa plus d'une fois, non sans rencontrer chez le poète une résistance qui n'était sans doute que de la coquetterie. (*Voyez* Livre V, pièce 5, vers 137, 138; IX, pièce 6).

besogne), elle s'en servit naturellement pour leur témoigner sa reconnaissance par des vers où son nom était mêlé et où on l'eût reconnu même sans cela.

Après le meurtre de son frère par son mari, l'épouse de Clotaire s'était retirée de la cour. Cette retraite était comme une fuite. Elle vint à Noyon, où saint Médard était évêque, et elle le somma de la consacrer diaconesse. L'évêque, surpris, hésite; il invoque l'indissolubilité du mariage, parle de la colère du roi et fait d'autres objections qu'on devine assez sans que je les indique. Radegonde, impatientée, court à la sacristie, s'y couvre la tête d'un voile de recluse et revient ainsi parée devant l'évêque. Dans cette sainte obstination de la reine, saint Médard ne voit que le doigt de Dieu; il consacre la royale victime. Il croit n'avoir fait que son devoir, et, sans craindre la colère du roi, il l'attend. Elle fut terrible, mais dura peu. On finit par faire comprendre à Clotaire qu'il y aurait sacrilège à contraindre une femme consacrée au Seigneur à rentrer dans le siècle pour y revivre avec son mari. Clotaire céda. Chilpéric eût été moins docile, lui qui, pour empêcher Galsuinthe, sa femme, de fuir et peut-être d'imiter jusqu'au bout Radegonde, la fit étrangler. Clotaire permit en outre à sa femme de bâtir un monastère et d'y vivre à sa guise. Elle fonda, en effet, le monastère de Sainte-Croix, à Poitiers, y vécut plus de cinquante ans et y mourut.

Là, livrée tout entière aux pratiques d'un ascétisme rigoureux jusqu'au raffinement, s'infligeant à elle-même le martyre qu'elle ne pouvait recevoir de la main des bourreaux, puisqu'il n'y avait plus de persécuteurs de la foi, objet de l'étonnement et de l'admiration de ses sœurs par son prodigieux détachement, par sa patience, sa charité et surtout par cette humilité qui la portait à disputer aux dernières des servantes les œuvres les plus abjectes, et à s'y avilir de gaieté de cœur, elle gardait au fond de soi des sentiments de reine que ne pouvait complètement éteindre la grandeur de son immolation. Ainsi, dans son austère retraite, elle était constamment préoccupée de la conduite des rois, ses parents, de ces barbares qu'elle aimait et qu'elle aimait tous, et qui passaient leur temps à guerroyer les uns contre les autres, comme s'ils eussent été de sang et de race antagonistes de nature. Toujours inquiète de l'état agité de la Gaule, et jalouse du salut de la patrie, comme dit sa gracieuse et très véridique biographe, la sœur Baudonivia, elle priait sans relâche pour la vie des rois et enjoignait à ses sœurs de prier comme elle. Apprenait-elle que les rois, divisés de nouveau, étaient prêts à s'entre-déchirer, elle tremblait d'effroi, écrivait à l'un, écrivait à l'autre, les suppliant de ne point égorger la patrie, de remettre l'épée dans le fourreau, de faire la paix et de la garder. Elle leur envoyait aussi des personnes considérables qui les éclairassent de leurs conseils et donnassent plus de force à ses prières. Elle imposait à sa communauté des veilles fréquentes, commandant aux religieuses de prier avec abondance de larmes pour des rois aveuglés, mais dont elles n'étaient pas moins les sujettes et les obligées. Grâce à son intercession, poursuit Baudonivia, et à ses macérations, tellement excessives qu'on manque de termes pour les exprimer, elle étouffait les guerres et amenait les rois à se réconcilier. Ces succès ne la rendaient que plus ardente à se livrer à Dieu, corps et âme, et plus reconnaissante envers des princes, à qui sa charitable persévérance avait fait mettre bas les armes et qui se piquaient de l'honneur de la protéger.

En voilà assez, je pense, pour démontrer qu'en louant les princes mérovingiens avec un excès dont on lui fait un crime, Fortunat obéissait moins sans doute à sa passion laudative qu'aux ordres de sainte Radegonde. C'est ce serviteur et cet ami qu'elle chargeait de l'acquitter auprès d'eux, autant qu'il serait en lui, par les moyens qui lui étaient familiers, c'est-à-dire en vers, et dont l'application est toujours flatteuse pour ceux qui en sont l'objet. Le choix d'ailleurs, pour remplir une pareille mission, d'un homme qui avait avec la confiance absolue de Radegonde l'honneur de son amitié, ne pouvait laisser aux rois aucun doute sur la part personnelle qu'elle y avait elle-même. Les choses étant ainsi, il restait à notre poète le devoir de saisir toutes les occasions où il est d'usage de parler aux princes et de les congratuler, telles que les mariages, les naissances, les morts, les fêtes, les assemblées, les conciles, etc. Pas une seule de ces circonstances n'a été omise par Fortunat, et il nous en a laissé assez de témoignages pour justifier à beaucoup d'égards sa réputation de louangeur intrépide et rarement délicat.

CHAPITRE V.

DES RELATIONS INTIMES ENTRE FORTUNAT, SAINTE RADEGONDE ET L'ABBESSE AGNÈS.

Fortunat n'était pas de ces poètes qui aiment le danger et qui l'attendent. Boileau et Racine allaient résolument à la tranchée pour y mieux voir et mieux remplir leur charge d'historiographe. Mais c'étaient des poètes de nom et d'effet, et de grands poètes, et le courage dans ces âmes élevées était une partie de leurs talents. Fortunat était un versificateur abondant, quoique rarement facile, incapable d'une idée grande et suivie, inspirée par l'occasion, faisant des vers à la chaude, et comme le poète Lucile et toute proportion gardée,

Garrulus, atque piger scribendi ferre laborem,
Scribendi recte.

(HORACE, *Sat.* I, 4, v. 10.)

Il aimait la nature qu'il a peinte plus d'une fois avec agrément et vérité; il aimait la bonne chère; il l'avouait en homme qui a bonne envie de s'en vanter; il aimait enfin qu'on le recherchât, le louât, le caressât. Sa modestie qui était véritable n'en était point troublée; car ce qu'on lui donnait à cet égard, il le rendait aussitôt avec usure. La plupart du temps même, et pour peu qu'il crût que sa sûreté personnelle y fût intéressée, il prenait les devants. De pareilles dispositions n'allaient pas à en faire un preux. Aussi, dès que les Goths eurent envahi l'Italie, il dit adieu à la ville de Trévise, son pays natal, traversa une grande partie de la Germanie où il fit quelques belles connaissances, et vint avec ses tablettes et précédé d'une sorte de renommée poétique, s'échouer sur le sol de la vieille Gaule, dans les états de Sigebert, roi d'Austrasie.

C'est sans doute parce qu'il chanta dans un épithalame le mariage de ce prince avec Brunehaut qu'Ampère en a fait un poète de cour. Il lui en a même donné le nom. La vérité est que son épithalame est bien à tous égards de la poésie de cour. Mais la sienne a plutôt l'air de celle d'un poète qui aspire à gagner des lauriers que d'un poète qui en serait déjà couronné. Un pareil genre de vie lui plaisait assez, et il eût peut-être prolongé son séjour à Metz, s'il ne se fût rappelé qu'il n'était pas venu en Gaule seulement pour fuir les Goths, mais aussi pour aller à Tours remercier saint Martin dont l'huile miraculeuse l'avait guéri d'un mal d'yeux. Il en avait fait le vœu. Ce devoir rempli, il quitta Tours et vint à Poitiers, où il obtint par faveur (car il était dans les ordres quand il abandonna l'Italie) d'entrer dans le clergé de cette ville, quoiqu'il fût étranger.

C'est alors, si je ne me trompe, qu'il connut Radegonde. On ne sait par quels moyens, si ce n'est qu'il lui avait été probablement recommandé par Grégoire de Tours; mais il a négligé de nous le dire. Nulle part dans ses poésies, il n'y est même fait allusion. On y voit seulement qu'il devint l'agent (1), le conseiller intime, et pour tout dire en un mot, l'intendant du temporel du monastère de Sainte-Croix, fondé par Radegonde; on y voit surtout qu'il en fut le poète attitré.

(1) *Fortunatus agens*, Liv. XI, pièce 4.

Très peu des billets qu'il a adressés à sa royale maîtresse et à la mère Agnès, abbesse du monastère, ont une date tant soit peu précise. A cet égard, il reste presque constamment dans le vague ou l'oubli, participant ainsi du sexe de ses correspondantes, sexe ennemi des dates qu'il ignore volontiers, comme si cette ignorance tenait en suspens la course de l'âge. Mais il était le plus souvent tout près d'elles en leur écrivant, et l'on croirait même qu'il écrivait de cellule à cellule, s'il avait eu aussi bien qu'il ne l'avait pas, une cellule dans le monastère.

Son premier billet (car toutes ses lettres ne méritent pas un autre nom) adressé à Radegonde, est, selon moi, la cinquième pièce du huitième Livre. Il y avait vingt ans que Radegonde vivait dans son monastère et dans la pratique la plus rigoureuse de la vie spirituelle, lorsque Fortunat vint en Gaule ([1]). Il y en avait bien davantage quand il vint à Poitiers dans la seule pensée de la voir et de l'honorer. Il est présumable qu'outre la recommandation de Grégoire de Tours, il avait emporté avec soi celles de Sigebert et de Brunehaut qui l'avait si bien accueilli à Metz, et qui ne pouvaient lui refuser cette grâce. Radegonde avait alors environ quarante ans. Ce qui perçait de sa vie retirée faisait l'étonnement et excitait l'admiration des populations gauloises de Metz à Marseille, et Fortunat partageait cette impression. Il n'était pas homme à se dérober à l'entraînement général ou par orgueil ou par scepticisme; il suivait volontiers la foule, croyait ce qu'elle croyait et quelquefois plus encore.

Dès qu'il eut approché Radegonde, il

([1]) En 564 ou 565.

lui fut acquis tout entier. Elle avait à la fois le prestige du rang, de la beauté et d'une piété qui participait de celle des martyrs et de celle des anges. On s'imagine aisément ce que notre poète dut ressentir à l'aspect de cette triple majesté. Ce qui l'en frappa le plus d'abord et ce qu'on voit dès le début de son premier billet, c'est la majesté de la personne, c'est la reine des Francs, comme anéantie sous le voile de la religieuse, et n'y perdant pas néanmoins un rayon de la splendeur royale. Fortunat en parle comme s'il s'en fût senti plus touché qu'un autre, et qu'il eût connu le premier ce qui était déjà de notoriété publique. J'imagine qu'il en fit sa cour à Radegonde que les flatteries ne pouvaient guère toucher; il lui plut par d'autres raisons. Il lui plut parce qu'il avait pour répondants des princes de sa famille et un saint évêque, Grégoire de Tours; parce qu'il était poète et correspondait ainsi à son propre goût pour la poésie, et qu'elle pourrait s'en servir ou comme de maître ou comme de collaborateur; il lui plut par son caractère de prêtre, toujours plus imposant aux yeux d'une femme qu'à ceux de l'autre sexe; il lui plut enfin par son enjouement, sa délicatesse, sa modestie, sa douceur et son dévouement absolu, toutes qualités ayant pour effet de faire toujours désirer la présence de ceux qui les possèdent, et contracter l'habitude de ne pouvoir plus se passer d'eux.

Il est aisé de croire que le poète en avait amené là Radegonde et Agnès, lorsqu'il s'établit entre tous les trois un échange de petits cadeaux, ainsi qu'il se pratique entre les amitiés innocentes qui n'ont pas assez de leur agréable babil pour se manifester à leur gré. Fortunat en prit l'initiative. Il envoie des fleurs; elles sont de son jardin. Ce sont entre autres plantes odoriférantes des violettes pourprées, espèce rare. Il prie qu'on l'excuse s'il n'envoie pas des roses ; il n'en a point, et pour en avoir, il faudrait qu'il en achetât. L'amitié de ses amies lui en épargnera la dépense, en faisant, dit-il, des roses de ses violettes (1). Le compliment manque de distinction et de hardiesse ; mais gardez-vous d'en rire ; les plus grandes passions à leur naissance ont des timidités de ce genre.

Il eut lieu, sans doute, de se louer de cette manière de faire sa cour avec des fleurs ; car il en use souvent. C'est qu'il n'avait pas seulement pour objet de procurer à ses amies un plaisir qui leur fût personnel, il voulait aussi contribuer pour sa part à orner les autels, en ces jours de fête

(1) Liv. VIII, pièce 6. *Profert qui violas fert et amore rosas.*

où les fleurs en sont presque toute la parure. C'est là le fond d'un certain nombre de ses plus jolies pièces. On me permettra de m'y arrêter un moment. Dans ces solennités, c'était un devoir pour les religieuses et un très vif amusement de travailler, si j'ose me servir de cette expression profane, à la toilette des autels, et de les rehausser par tout l'éclat dont la moindre partie leur était interdite à elles-mêmes. Radegonde et Agnès prêtaient leurs mains à ce pieux office, et l'accaparaient même quelquefois. C'est à une circonstance de ce genre que se rattache la pièce suivante, qui a beaucoup de charme, que les antithèses mêmes ne déparent pas, et où l'on remarque ce sentiment vif des beautés de la nature que j'ai signalé plus haut dans la poésie de Fortunat.

« L'hiver sévit; la terre est gelée partout. La vie est morte dans les champs faute de fleurs. Au printemps, saison où le Seigneur triompha de l'enfer, l'herbe pousse et déploie sa chevelure avec plus d'abondance. Les hommes ornent de fleurs les portes, les théâtres; les femmes parfument leur corsage en le garnissant de roses. Vous autres, c'est aux églises que vous en offrez les prémices. Vous tressez de vos mains des guirlandes et parez les autels de ces fleurs nouvellement écloses. Il y a une disposition particulière pour le safran à la corolle dorée, une autre pour la violette aux reflets de pourpre. Ici sont le rouge vif et le blanc de neige; là le bleu est voisin du vert. Les couleurs se contrarient tellement qu'on croirait toutes ces fleurs en guerre les unes avec les autres dans le sanctuaire de la paix. L'une plaît par sa blancheur, l'autre par des tons jaune d'or; celle-ci sent meilleur, celle-là brille davantage. Bref, c'est une lutte entre ces diverses espèces, à qui l'emportera ou par la couleur, ou par l'odeur. Cet arrangement, Radegonde et Agnès, est l'œuvre de vos mains. Puissiez-vous respirer un jour les senteurs éternelles! (1). »

Voilà bien, si je ne me trompe, de la poésie comme il en faut pour les couvents de filles; elle a de la grâce, et le diable n'y a pas un coin où se loger.

Fortunat assiste à un festin en l'honneur de Radegonde. Ce ne sont partout que des fleurs. La table, les murs, le plafond y sont enfouis. L'odeur en est si forte que tout autre que le poète eût craint d'en être incommodé; lui les respire avec délices, y voyant un présage de la saveur des mets. La table seule est un vrai jardin. Les roses et les lys s'y disputent la place, et c'est sur ce parterre que les plats sont dressés.

(1) Liv. VIII, pièce 7.

Ces fleurs étaient sans doute effeuillées sur l'ais que la nappe recouvre habituellement, car le poète en fait ressortir le contraste et en marque la supériorité. Sur les murs tapissés de guirlandes de lierre et de bouquets de roses, on ne voit plus la chaux dont ils sont enduits. Les plafonds eux-mêmes sont cachés sous cette quantité de verdure; on penserait voir les prés verdir jusque sous les toits ([1]). Tout cela était merveilleux, et un homme moins sur sa bouche que notre Fortunat en eût peut-être un moment oublié sa faim.

Les fleurs n'étant pas quelque chose d'assez rare pour être toujours nouveau, le poète y suppléait par des présents d'autres espèces; mais ils sont si modestes qu'il rougit presque de les offrir. Néanmoins il s'efforce de les faire valoir ou par des

([1]) Liv. XI, pièce 11.

raisons de sentiment, ou par sa bonne humeur, ou même par des jeux de mots : « Ne dédaignez pas, dit-il, ces présents à cause de leur peu de valeur, car si vous me demandez ce que j'en pense, je vous dirai qu'on voit la grandeur de l'amitié à la petitesse du présent (1). » Il dit ailleurs quelque chose d'analogue, mais avec plus de délicatesse : « Si vous voulez bien réfléchir, vous verrez que les petits présents de ceux qui aiment avec constance ont une grâce que n'ont pas les autres (2). »

Un jour que Radegonde et Agnès étaient à complies, Fortunat eut l'idée de leur faire je ne sais quels présents. Il prenait bien son temps! La règle de saint Benoît qui était celle de saint Césaire, de qui Radegonde l'avait prise, défendait aux personnes de la congrégation de recevoir des cadeaux

(1) Liv. IX. pièce 24.
(2) Liv. XI, pièce 17.

à quelque titre que ce fût, une fois complies dites. Or le poète ayant pour la circonstance un jeu de mot en réserve, qu'il avait autant à cœur de produire que ses cadeaux mêmes, n'attendit pas la fin de l'office, et il fit son envoi qu'accompagnait cette prière : « Si vous n'avez point encore accompli vos complies, *si non complestis completa*, je vous prie humblement d'accepter ces présents (1). »

Un autre jour il envoie des châtaignes dans une corbeille de jonc ou d'osier tressée de ses mains (2); un autre, ce sont des prunelles noires cueillies dans les bois, et qui pendaient encore à leurs branches. A propos de ces prunelles, il prévient Radegonde « que ce ne sont pas là des champignons sortis de terre, mais des fruits qu'un arbre a portés, que c'est un aliment sain et

(1) Liv. XI, pièce 24.
(2) Liv. XI, pièce 13.

qu'elle peut en manger sans crainte; qu'il n'aurait pas la cruauté de donner à sa mère ce qui pourrait lui faire du mal[1], » Radegonde avait-elle vécu jusqu'à quarante ans, sans avoir jamais vu de prunelles?

Ces détails paraîtront sans doute un peu bien puérils, comme ils le sont en effet; mais ils le paraîtront bien davantage si l'on considère que la scène se passait il y a 1150 ans, à une époque et dans un pays où les mœurs étaient aussi dissolues que les attentats dont elles étaient l'objet étaient impunis; que les relations d'un sexe à l'autre dans les couvents avaient déjà bien perdu de leur innocence, et que celui de Sainte-Croix même fut, immédiatement après la mort de Radegonde, le théâtre de désordres abominables, quelques-uns impossibles à décrire. C'en est assez pour faire excuser ces détails.

[1] Liv. XI, pièce 18.

Il va sans dire que Radegonde et Agnès reconnaissaient les cadeaux reçus par des cadeaux rendus, et comme elles étaient plus riches que leur poète, elles étaient aussi plus libérales. Leurs libéralités consistaient principalement en victuailles. C'étaient d'innombrables friandises et ces petites délicatesses de table qui sont le secret des religieuses, et dont quelques-unes en ont jusqu'ici retenu le nom. C'étaient aussi ce qu'on nomme aujourd'hui des pièces de résistance. Quels qu'ils fussent d'ailleurs, les deux amis appelaient ces présents d'un nom pieux, c'est-à-dire des eulogies [1]. Rien ne plaisait davantage

[1] Les eulogies proprement dites étaient dans la primitive Eglise des pains bénits offerts aux fidèles pendant la messe et dont on réservait une partie pour la sainte eucharistie. C'étaient aussi des pains ou autres aliments que les évêques et les prêtres s'envoyaient réciproquement, en les accompagnant de missions *salutatoires*. Enfin on comprit en général sous le nom d'eulogies tous présents, même profanes, envoyés ou reçus : ce qui est le cas dont il s'agit ici.

à Fortunat, car il était gourmand jusqu'à ne sauver pas même les apparences, et à confesser son vice avec plus d'audace qu'il n'eût fait une vertu. Une fois qu'il avait régalé ses amis de la cuisine du couvent, Agnès voulut savoir quel usage il avait fait des eulogies qu'on lui avait envoyées. Il répondit que certains légumes tout farcis de miel avaient défrayé le premier service, et qu'on y était revenu non pas une, non pas deux, mais trois et quatre fois; qu'on apporta ensuite un superbe quartier de viande, dressé en forme de montagne, et flanqué de collines dont les intervalles étaient remplis par un jardin de ragoûts variés; que, gourmand comme il est, il a eu raison de tout cela, et que montagne et jardin ont passé dans son ventre et s'y sont bien logés (1).

(1) Liv. IX, pièce 9.

Un second convoi de vivres succède au premier. Agnès en demande des nouvelles. Comme il est beaucoup plus copieux que l'autre, Fortunat est embarrassé et ne sait par où commencer son rapport. « O incertitude délicieuse ! », s'écrie-t-il. Cependant il fait l'énumération des mets, et c'est à Radegonde qu'il l'adresse. C'est d'abord un beau morceau de viande dressé sur un plat d'argent ; c'est ensuite sur un plat de marbre ces fameux légumes au miel qui ont déjà ravi son palais, puis sur un plat de verre contourné, des poulets d'un poids énorme, bien qu'ils n'aient plus leurs plumes ; puis, jetés pêle-mêle dans des corbeilles ornées de peintures, quantité de fruits ; puis enfin une jatte de terre noire remplie de lait qui était arrivée triomphante, tant elle était sûre de lui plaire. « C'est ainsi, dit-il, que soumis à la mère, ma maîtresse, je lui rends compte de l'emploi des présents de sa fille, demeurant toujours avec elle en tiers dans leur pieuse affection ([1]). »

Les bonnes religieuses firent si bien que notre homme en tomba malade. Son médecin dut le mettre au lait. C'était maigre. Mais enfin saint Paul en prescrit l'usage aux malades; le poète suivra donc l'ordonnance de l'apôtre. De son côté, Agnès s'ingénie à le lui préparer sous mille formes diverses. Il est question ici d'une crême solidifiée de manière à recevoir des images gravées à l'ongle. Agnès y avait montré un vrai talent d'artiste : « Dites-moi, je vous prie, lui écrit le poète, qui a dressé vos jolis ongles à graver si bien? Dédale serait-il votre maître? ([2]) » Allez donc lui recommander d'être sobre, comme le faisait Agnès, au milieu de toutes ces tentations.

([1]) Liv. XI, pièce 10.
([2]) Liv. XI, pièce 14.

Il y était au supplice. « Avec toutes vos douceurs, c'est le jeûne que vous m'envoyez ; c'est le feu que vous me faites souffrir, rien qu'à les voir. Ce que mes yeux convoitent, le médecin le refuse à ma bouche, et sa main me retire ce qu'appète ma gourmandise [1]. » Il en voulait à ce médecin pour l'avoir empêché d'aller à un repas qu'Agnès avait préparé exprès pour lui. « Tout médecin est trompeur, disait-il, et c'est en trompant qu'il démontre son art. Le mien qui a un estomac insatiable, a jugé que j'aurais assez de mon ordinaire. Pardonnez-moi donc mon absence, Agnès, et ne m'imputez pas un manquement qui est le crime d'autrui [2]. » Le voilà donc décidément au régime ; tout envoi de bons morceaux a cessé. Il ne reçoit plus guère que des herbes rafraîchissantes, des laitues, des pruneaux,

(1) Liv. IX, pièce 9.
(2) Liv. IX, pièce 16.

du lait et des œufs frais. « Sont-ce là, dit-il à ses amies, vos présents et vos provisions? Puisse leur diversité ne pas troubler la paix de mon ventre! Vous voulez que je m'en tienne à deux œufs le soir : à vous dire vrai, j'en ai gobé trois. Plaise à Dieu que ma pensée obéisse à vos ordres toute ma vie comme ma gourmandise le fait aujourd'hui ! (1) »

Il finit pourtant par se rétablir, et il se rétablit si bien qu'il se hâta d'en abuser. Il en négligea la poésie, et força ses amies à l'y rappeler. Un jour elles lui demandent des vers; mais ce jour-là il donnait à dîner chez lui, et son esprit tout tourné vers la cuisine n'avait ni le temps ni le moyen de rêver à des distiques. Le lendemain pourtant il dut se justifier, et il le fait gaillardement. Il raconte qu'étant plongé dans les

(1) Liv. IX, pièce 20.

délices d'une table où il y en avait pour tous les goûts, tantôt il ouvrait la bouche, tantôt il fermait les yeux, et que tout entier au manger et au boire, il avait l'esprit trop brouillé pour avoir la parole libre et facile. Ses doigts ni sa plume n'étaient capables d'écrire des vers; sa muse était ivre, et sa main n'eût formé que des zigzags. De plus, la table lui semblait nager dans le vin. « Cependant, ajoute-t-il, pour répondre à l'aimable requête de ma mère et de ma sœur (1), je leur ai fait aujourd'hui, comme je l'ai pu, ces petits vers. Quoique le sommeil m'assaille et m'enlace, mon amitié l'emporte, et je vous écris. Mais que ma main est mal assurée! (2). »

On dira peut-être que c'est trop s'étendre sur des choses d'un ordre aussi vulgaire; mais, outre que leur vulgarité est

(1) C'est ainsi qu'il appelle Radegonde et Agnès.
(2) Liv. IX, pièce 23.

à bien des égards relevée par la qualité des personnes, et par le milieu et le temps où elles se sont passées, elles nous apprennent que là où nous pensions trouver de grands contrastes avec les mœurs actuelles, nous ne trouvons que des similitudes, et que ce côté modeste de la civilisation qui consiste en distractions innocentes et en débauches de table inoffensives était le même chez les Gaulois du VIe siècle que chez les Français du XIXe. Mais nous en avons fini avec ces témoignages presque enfantins d'une amitié où les trois amis ne semblent différer les uns des autres ni par l'âge, ni par le sexe; nous allons en aborder d'autres où cette homogénéité apparente disparaîtra tout à fait.

La grande affection pour Radegonde, née à peu près à l'improviste dans le cœur de Fortunat, s'était développée rapidement sous le couvert de la familiarité dont elle l'honorait. A cet égard, Radegonde n'avait besoin ni d'efforts ni d'avances ; elle n'avait qu'à être simplement bonne et gracieuse, et les gens tombaient à ses pieds. Cependant notre poète n'était point en péril. On doit croire qu'il se surveillait de très près, et qu'il ne se mit jamais dans le cas d'obliger sa maîtresse à le remettre à sa place, s'il eût voulu en sortir. A dire vrai, Radegonde, à ses yeux, était déjà une sainte, et sa passion pour elle allait aussi loin, si ce n'est davantage, que peut aller le culte de dulie. On sait que par ce mot on désigne l'honneur et le respect que l'on rend aux saints. Néanmoins, au milieu de toutes les dévotions qui constituent le culte du poète envers Radegonde, il se mêle quelquefois, et selon l'occurence, des exhortations et des conseils; mais alors il a toujours soin de s'y couvrir de l'adhésion d'Agnès et même des autres religieuses. Ainsi, pendant le carême, Radegonde se privait presque absolument de nourriture. Elle était intraitable sur ce point. Sa santé en était compromise, et toute la communauté était alors dans des inquiétudes qui s'accroissaient au fur et à mesure que le carême touchait à sa fin. On aurait voulu du moins qu'elle combattît sa faiblesse en buvant un peu de vin, et on l'en suppliait. Fortunat ne manquait pas d'alléguer le commandement de saint Paul à Timothée : « Ne continuez plus à ne boire que de l'eau ; mais usez d'un peu de vin, à cause de votre estomac et de vos fréquentes maladies. [1] » Il est vrai que saint Paul ordonne aussi le lait, mais c'est aux intempérants, ainsi qu'on l'a pu remarquer plus haut, et non pas aux jeûneurs, et l'on a vu au même endroit que Fortunat avait dû se soumettre à ce ré-

[1] Timothée, I, ch. v. 23.

gime. Saint Paul comme médecin de l'animal avait donc sa confiance ; il ne s'agissait que de la faire partager à Radegonde. Mais telle était l'obstination de cette grande révoltée contre les remèdes humains que saint Paul, s'il eût été là et lui eût présenté la coupe, n'eût pas été plus obéi qu'un petit médicastre.

A l'approche de Pâques, les austérités redoublaient. Radegonde s'enfermait alors, et restait cachée et inaccessible à toutes et à tous sans exception. On ignorait même où était sa retraite. Cela pourtant n'empêchait pas notre poète de lui écrire les billets les plus tendres pour l'engager à en sortir. Elle ne lui répondait pas plus que ne répondait la Sainte Vierge à ce dévot qui lui écrivait des lettres qu'il mettait à la poste. Un de ces billets portait : « Esprit que Dieu féconde, lumière qui vous dérobez à nos yeux, sans vous je suis plongé dans les ténèbres épaisses. Vous nous privez de vous voir, comme si celui qui vous aime ne vous voyait pas toujours, et comme si, quand je vous vois, je ne pensais pas que je ne vous vois pas assez. » Et dans son dépit, il s'écriait : « Je le jure, cependant, je pénétrerai avec vous dans votre cachette, car je vous suivrai en esprit là où vous me défendez d'aller moi-même. (1) »

Ignorait-il vraiment où se cachait Radegonde, ou feignait-il de l'ignorer? Je crois qu'il l'ignorait; mais je crois aussi que ses billets, je devrais dire ses sommations, n'étaient pas de simples jeux d'esprit, destinés à entrer quelque jour dans son recueil de poésies, mais que, à la faveur de quelque complicité obligeante et distraite, il était sûr qu'ils arriveraient à leur adresse. Quel était le complice? Ce

(1) Liv. VIII, pièces 8 et 9.

ne pouvait être qu'Agnès, la seule personne du monastère qui devait tout savoir et qui savait tout. N'était-elle pas en tiers dans les épanchements où le poète dissipait les dons de son âme aimante? N'avait-elle pas le désir qu'il n'en fût rien perdu? Elle était donc naturellement portée à servir d'intermédiaire entre Fortunat et la cruelle recluse, et à donner à Radegonde les billets du poète sans même l'en aviser lui-même, ce qui eût été une violation indirecte du secret prescrit.

Les plaintes de Fortunat sur la disparition de Radegonde, et l'explosion de sa joie quand elle reparaît, sont pleines de cette grâce aimable que j'ai déjà eu l'occasion de louer, et la forme en est aussi élégante que le fond en est spirituel. « Où se cache sans moi ma lumière, dit-il; pourquoi se refuse-t-elle de paraître à mes yeux qui s'égarent à la chercher? Je regarde le ciel, la terre et l'eau, tout cela m'est peu de chose, si je ne vous vois pas. Quoique le ciel soit pur et serein, si vous vous cachez, le jour est pour moi sans soleil... Nous pensons, les saintes sœurs et moi, que vous consoliez, en leur laissant voir votre figure, ceux que vous faites état d'aimer. (1) » Pâques arrive enfin, Radegonde rompt sa clôture et paraît. Son visage est radieux. On a beau être sainte, l'air et la liberté, après un mois de réclusion, déridant et égayent les plus austères. « Vous nous ramenez la joie, lui dit son poète, vous êtes cause que nous célèbrerons deux fois la Pâques. Quoique le blé ne commence qu'à lever dans les sillons, du moment que je vous revois, je fais la moisson : je forme déjà les gerbes, j'entasse déjà le grain, je fais en avril ce qu'on fait en août. Bien que le

(1) Liv. XI, pièce 2.

bourgeon de la vigne ne commence qu'à percer, je fais la vendange. Les pommiers et les poiriers exhalent toutes leurs odeurs, mais ils me donnent des fleurs et des fruits en même temps. Quoique la campagne soit nue et qu'on n'y voit pas un épi, depuis que vous avez reparu, elle est riante et l'abondance est partout (1). » Rien de plus frais et rien de plus galant. Ce n'est pourtant qu'une simple thème de rhétorique, mais l'idée principale en est développée d'une manière charmante; on en trouve de pareils dans Catulle.

Si l'innocence de Fortunat dans ses pieuses amours avait besoin de preuves pour ainsi dire matérielles, il suffirait de rappeler qu'il les répartissait sur deux personnes à la fois, Radegonde et Agnès. Également jalouses d'en recevoir le tribut,

(1) Liv. VIII, pièce 10.

elles ne s'en inquiétaient pas autrement et, loin d'être rivales, n'avaient pas même l'idée de la rivalité. D'ailleurs, ce qu'on nomme proprement l'amour ne s'éparpille point sur divers objets et dans le même temps, ou alors c'est de l'amitié banale, ou c'est de la débauche. L'une ne peut être imputée à Fortunat, l'autre moins encore, et c'est déjà trop de l'avoir nommée. Que si pour distinguer par un nom sa sympathie pour Radegonde et Agnès, il se sert constamment du mot *amor* au lieu d'*amictia*, et d'*amans* au lieu d'*amicus*, c'est d'abord parce que ces mots, par leur quantité prosodique, s'adaptent mieux à la forme de ses vers; c'est ensuite qu'ils ont une emphase qui était une beauté aux yeux des poètes latins de ce siècle; c'est ensuite qu'ils étaient d'une langue familière à Fortunat, la langue ecclésiastique où l'on n'en connaît pas d'autre pour exprimer la passion religieuse dont l'âme est possédée.

Quant aux billets que le poète écrit à Agnès, il est impossible de n'y pas remarquer une différence sensible d'avec ceux écrits à Radegonde. Il ne s'y mesure pas autant, il y est plus ouvert, d'une tendresse moins grave, et parfois même un peu mondaine. Peut-être bien y aurait-il à redire. Et, en effet, parmi les personnes qu'il fréquentait et qui vraisemblablement n'étaient pas toutes des religieuses, quelques-unes, à ce qu'il paraît, le mordirent à belles dents (1). Un couvent de jeunes filles n'est pas une école de discrétion, et la charité n'y est pas toujours la règle des discours. Toutefois, il est peu croyable qu'on y ait communiqué les billets du poète à l'abbesse; ni lui ni elle ne s'y fussent hasardés, si naïve qu'ait été leur candeur, elle n'eût pu

(1) Liv. XI, pièce 6.

les induire à faire cette sottise. Un autre la fit donc. Ne cherchons pas le coupable; aucun indice ne nous le révèle, ne nous le fait même soupçonner. Voyons seulement les pièces qui donnaient quelque fondement à ces médisances.

Deux ont pour objet l'anniversaire de la naissance de la mère Agnès et de la fête célébrée au monastère à cette occasion ([1]). Ce jour de naissance n'était pas celui où elle était née à la vie charnelle, mais celui où ayant été nommée par Radegonde abbesse de Sainte-Croix, Agnès était née en même temps à la vie spirituelle. C'est ainsi que le *dies natalis* des évêques était le jour de leur intronisation, et qu'on en célébrait communément les anniversaires. La première pièce est adressée à Radegonde; « car, dit Fortunat, toujours à l'affût d'un jeu de mots, c'est en l'honneur de cet

([1]) La 3e et la 5e du Livre XI.

agneau qui a donné Agnès à cette bergerie, que la fête est célébrée. — Cette fille, ajoute-t-il, n'est pas le fruit de vos entrailles, elle est le fruit de la grâce; elle n'est pas votre fille selon la chair, c'est le Christ qui, dans son amour, vous l'a donnée; c'est l'auteur et père de toutes choses qui vous la donne pour être perpétuellement avec vous. Heureuse la postérité dont les siècles ne rompent pas la chaîne et qui demeure immortelle avec sa mère! » Cette dernière pensée est belle. Elle veut dire que tandis que la famille civile se brise et disparait, la famille religieuse ne subit ni interruption ni déchet, et se perpétue par l'adoption, plus sûrement que l'autre, par les voies naturelles. Le reste de la pièce est dans le ton que je viens d'indiquer; il n'y perce rien encore de plus vif pour Agnès que pour Radegonde, interrogeons la deuxième pièce.

Fortunat a passé la journée entière avec ses deux amies; il était le paranymphe de la fête, il en fut nécessairement le témoin. La cérémonie fut à la fois religieuse et profane. Après l'office on alla dîner. Dans les deux cas, il paye de sa personne, et s'il fut zélé à l'office, à table il ne le fut pas moins. Il en fait lui-même la remarque, quand il dit que Radegonde et Agnès n'ont mangé ni l'une ni l'autre, tandis qu'il a mangé pour deux. Il fait encore cette remarque qui, si elle venait d'un autre que lui, passerait fort bien pour de la fatuité : c'est qu'Agnès s'était occupée de lui pendant toute cette journée au delà de ce qu'elle faisait d'habitude, et qu'ainsi elle avait privé sa maîtresse au profit de son serviteur du charme de son entretien; que si, à table, elle n'avait pas senti le réveil de son appétit, c'est « que le lourd sommeil pesait sur ses yeux brillants, et qu'elle anticipait ainsi sur les longues nuits d'hiver, dont une seule est aussi longue que deux jours entiers (1). » L'abstinence de Radegonde s'explique par le besoin qu'elle avait de se mortifier sans cesse, et principalement dans les repas de fête, où les occasions de succomber s'offrent d'elles-mêmes sans qu'on les appelle; il n'en fut pas de même d'Agnès qui ne mangea pas, ou de peur de scandaliser sa maîtresse, ou parce qu'elle-même était *triste*. Fortunat, qui n'était point fat, mais qui ne manquait pas de diplomatie, semble mettre cette tristesse sur le compte du temps, qui était couvert, et où l'on ne voyait ni lune ni étoiles : « Mais, dit-il, si la gaieté est dans votre cœur, les nuages se dissiperont devant moi (2). » Si donc ce langage n'est que de l'amitié, avouons qu'il en est la fine

(1) Livre XI, pièce 5.
(2) Livre XI, pièce 5.

fleur, *flos delibatus*, et que tel qui ferait ainsi la cour à une femme du monde, même en ce style de madrigal, ne serait pas loin d'en devenir amoureux.

Agnès répondait par des actes aux douces paroles de Fortunat. Nous avons vu qu'elle s'était faite en quelque sorte l'intendante des plaisirs gastronomiques du poète et à l'occasion la pourvoyeuse de ses menus. C'est même par là qu'elle portait la satisfaction du poète jusqu'au ravissement, et lui arrachait, dans le temps même où il était à la diète, des exclamations comme celle-ci : « Qui me rendra ces repas où je vous appelais sans façon délices de mon âme ? (1) » S'il ne mangeait pas au monastère (et il y mangeait souvent à n'en pas douter), et qu'il eût table dressée à son logis, elle lui envoyait de quoi faire

(1) Livre XI, pièce 16.

honneur à un amphitryon où l'on dîne. En retour, elle lui demandait un compte détaillé de la qualité des mets, de l'accueil qu'y avaient fait les convives, de la façon dont ils avaient été mangés, de l'ordre enfin qu'on avait observé dans le service. C'est ce qui ressort avec toute évidence des pièces 9 et 10 du Livre XI. Fortunat y insiste tellement sur les détails qu'il semble bien les donner autant pour son propre plaisir, que pour obéir à un commandement qui lui est cher. Il énumère consciencieusement les plats principaux selon le tour de leur arrivée sur le théâtre de l'exécution, il s'arrête un moment sur les légumes, il s'enthousiasme sur les friandises, sucreries ou pâtisseries, car

De tous mets sucrés, secs, en pâte ou liquides
Les estomacs dévots furent toujours avides.

BOILEAU.

J'omets d'autres ressources qu'Agnès trouvait dans son gentil esprit pour amuser ce grand enfant; mais le fond, hélas! en est trop souvent de la mangeaille. Tout plaisir temporel dans les couvents tournait alors sur ce pivot. C'était un des effets les plus nets de l'oisiveté claustrale, et un des plus forts dérivatifs à d'autres idées dont la seule piété n'eût peut-être pas suffi pour arrêter la fermentation dans des esprits trop comprimés.

Quoi qu'il en soit, et sans que le poète nous apprenne comment on eut vent de cette correspondance avec la mère abbesse, on dit que l'amitié y parlait un peu trop le langage de son frère; on broda sur ce thème toutes les fleurs de la malignité; on eut soin surtout qu'il en arrivât quelque chose aux oreilles des intéressés. J'imagine qu'Agnès fut la première avertie. Mais aussi peu sensible pour elle-même à des propos où elle ne se reconnaissait pas, que persuadée de l'innocence de son ami, elle ne laissa pas que de lui parler de cette aventure et de lui demander même une explication. Le poète la lui donna sans équivoque et sans obscurité dans un billet, le seul monument qui nous fasse connaître le commencement et l'issue de cette affaire. C'est une protestation pleine de dignité et de mesure; c'est l'accent de la vérité dans sa candeur intrépide et modeste, c'est l'expression de la tendresse même qui trouve l'éloquence pour se relever; c'est encore la crainte que les mauvais propos dont le poète reconnaît le péril ne le force à refouler au fond de soi les épanchements, libres jusqu'alors, de son amitié; c'est enfin la résolution avouée de continuer à se conduire avec ses amies comme il l'a fait jusqu'à présent, si elles veulent bien y consentir. Voici ce billet :

« Vous qui êtes ma mère par votre dignité ([1]), et ma sœur par le privilège de l'amitié, à qui je rends hommage en y faisant concourir mon cœur, ma foi et ma piété, que j'aime d'une affection céleste, toute spirituelle et sans la criminelle complicité de la chair et des sens, j'atteste le Christ, les apôtres Pierre et Paul, sainte Marie et ses pieuses compagnes que je ne vous ai jamais regardée d'un autre œil et avec d'autres sentiments que si vous aviez été ma sœur Titania ([2]) par le sang, que notre mère Radegonde nous eût portés l'un et l'autre en ses chastes flancs, et que ses saintes mamelles nous eussent nourris de leur lait. Je crains hélas! car j'en vois le danger, que les moindres insinuations des méchantes ne compriment la manifestation de mes sentiments. Cependant, je

([1]) La dignité d'abbesse.

([2]) Fortunat avait effectivement une sœur de ce nom.

suis résolu de vivre avec vous comme je l'ai fait jusqu'ici, si vous voulez bien vous-même me continuer votre amitié [1]. »

En présence d'une déclaration si catégorique, qui oserait mettre en doute la véracité de Fortunat? Le mensonge ne parle pas avec cet abandon; il y a toujours un point par lequel il se trahit. Ici rien de pareil. On sent bien qu'il dût en coûter assez au poète de faire cette espèce d'amende honorable et qu'il eût préféré n'y pas être réduit, mais la nécessité en étant reconnue, il ne pouvait s'y soumettre avec une plus noble fierté. Toutefois, il est une réflexion à faire qui résulte de la teneur même de cette déclaration. C'est que, dans tous les extraits que j'ai donnés précédemment des lettres de Fortunat à Agnès, il n'y a peut-être pas de quoi justifier la

[1] Livre XI, pièce 6.

peine qu'il a prise de la mettre en avant; à peine ai-je relevé quelques lignes qui pourraient donner à penser. Comment donc expliquer ce fait? Serait-ce que les plus incriminées de ces lettres n'ont point trouvé place dans ce recueil, le poète ayant jugé prudent de les supprimer? Il me répugne de croire à une pareille supercherie. On sait en effet qu'il faut à certaines gens bien peu de choses pour fonder une accusation, et qu'un homme qui s'y connaissait est resté à tort ou à droit chargé de ce propos : « Donnez-moi une ligne d'écriture du premier venu, et je m'engage à en tirer de quoi le faire pendre. » Les accusateurs de Fortunat étaient-ils de cette école?

LISTE DES OUVRAGES

DE CHARLES NISARD

Dans la collection des auteurs latins publiée sous la direction de Désiré Nisard :

Ovide : L'Art d'aimer. — Le Remède d'Amour. — Les Cosmétiques. — Les Tristes. — Les Pontiques. — Consolation à Livie. — L'Ibis. — Le Noyer. 1838.

Tite-Live : Charles Nisard est cité comme l'un des traducteurs avec onze autres, sans qu'aucune partie lui soit particulièrement attribuée. 1839.

Cicéron : Discours en faveur de la loi Manilia. — Trois discours sur la loi agraire. — Fragments des ouvrages en prose et en vers. 1840-1841.

Martial (dans le volume qui a pour premier titre : Stace). 1842.

Valérius Flaccus (dans le volume qui a pour premier titre : Lucrèce). 1842.

Camera-Lucida : Portraits contemporains et tableaux de genre. — Paris, Dauvin et Fontaine, 1845. In-8.

Le Triumvirat littéraire au xvie siècle. Juste Lipse, Joseph Scaliger et Casaubon. — Paris, Amyot, 1852. In-8.

Mémoires de Daniel Huet, évêque d'Avranches, traduits pour la première fois en français. — Paris, Hachette, 1853. In-8.

Les Ennemis de Voltaire. L'abbé Desfontaines, Fréron, La Beaumelle. — Paris, Amyot, 1853. In-8.

Histoire des livres populaires, ou de la Littérature du Colportage, depuis le xve siècle jusqu'à l'établissement de la Commission d'examen des livres du colportage (30 novembre 1852). — Paris, Amyot, 1854. 2 vol. in-8, figures.

Mémoires et Correspondances historiques et littéraires (inédits). 1736 à 1816. — Paris, Michel Lévy, 1858. In-12.

(Les pièces qui font l'objet de ce volume proviennent des papiers de Suard.)

Mémoires de Garasse (François), de la Compagnie de Jésus, publiés pour la première fois; avec l'autorisation de Son Exc. le Ministre de l'Instruction publique et des Cultes, avec une notice et des notes. — Paris, Amyot, 1860. In-12.

Les Gladiateurs de la République des Lettres aux XVe, XVIe et XVIIe siècles. — Paris, Michel Lévy, 1860. 2 vol. in-8.

(Histoire de la vie et des écrits de Fr. Filelfo, Poggio, L. Valla, G. Scioppius, J. César Scaliger et Fr. Garasse).

La Muse pariétaire et la Muse foraine, ou les Chansons des rues depuis quinze ans, par C. N. — Paris, Jules Gay, 1863.

(Tiré à petit nombre dans le format in-8. Il

y a un autre tirage, à la même date, format in-12.)

Curiosités de l'Étymologie française, avec l'explication de quelques proverbes et dictons populaires. — Paris, Hachette, 1863. In-12.

Un Journaliste anglais sous Georges III (Wilkes) — Paris, Lami et Havard, 1864. In-8.
(Brochure de 64 pages. Tirage à part d'articles parus dans la *Revue Contemporaine.*)

Histoire des Livres populaires ou de la Littérature du Colportage. 2e édition, revue, corrigée avec soin et considérablement augmentée. — Paris, Dentu, 1864. 2 vol. in-12, figures.

Des Chansons populaires chez les anciens et chez les Français, essai historique; suivi d'une étude sur la Chanson des rues contemporaine. — Paris, Dentu, 1867. 2 vol in-12.
(L'auteur a repris et inséré dans le second volume son précédent travail sur la Muse pariétaire et la Muse foraine.)

Étude sur le Langage populaire ou Patois de Paris et de sa banlieue, précédé d'un coup d'œil sur le Commerce de la France au moyen âge, les chemins qu'il suivait, et l'influence qu'il a dû avoir sur le langage. — Paris, A. Franck, 1872. In-8.

De quelques Parisianismes populaires et d'autres locutions non encore ou mal expliquées. — Gand, Eug. Vanderhaegen, 1875. In-8.

(Tirage à part d'articles parus dans la *Revue de l'Instruction publique* de Gand, 125 pages.)

De quelques Parisianismes populaires et autres locutions non encore ou plus ou moins imparfaitement expliquées des XVIIe, XVIIIe et XIXe siècles. — Paris, Maisonneuve, 1876. In-12.

(Nouvelle édition du précédent ouvrage.)

Documents inédits relatifs à une correspondance chiffrée entre Élisabeth Farnèse, reine d'Espagne, et don Philippe, son fils, duc de Parme (1742-1765). — 1876.

(Articles publiés dans la *Revue de France* et dont il n'a pas été fait de tirage à part, 60 pages.)

Correspondance inédite du comte de Caylus avec le P. Paciaudi, théatin (1757-1765), suivie de celles de l'abbé Barthelemy et de P. Mariette avec le même. — Imprimé par autorisation du Gouvernement à l'Imprimerie nationale. 1877. 2 vol. in-8.

Le comte de Caylus, d'après sa correspondance inédite avec le P. Paciaudi (théatin), bibliothécaire du duc de Parme. — Paris, Pougens, 1877. In-8.

(Tirage à part d'un article de la *Revue de France*, brochure de 59 pages.)

Guillaume du Tillot, ministre des Infants ducs de Parme, don Philippe et don Ferdinand, sa disgrâce, sa chute et sa mort (1749 à 1771). — Paris, Société anonyme de publications périodiques, 1879. In-8.

(Tirage à part d'articles parus dans la *Revue de France*, brochure de 59 pages.)

Tronchin. — Paris, Moquet, 1879. In-12.

(Tirage à part d'un article paru dans la *Revue médicale*, brochure de 16 pages).

Le Pain mollet et la Levure devant la Faculté de Médecine et le Parlement de Paris (1668-1670), par Michel Petrinet. — Paris, Champion. Éd. In-8.

(Tirage à part d'articles parus dans la *Revue médicale*, en 1880; brochure de 38 pages.)

Tigellius le Chanteur. — Paris, Société anonyme de publications périodiques, 1880. In-8.
(Tirage à part d'un article paru dans la *Revue de France;* brochure de 22 pages.)

Guy Patin, nécessité d'une édition de ses lettres. — Paris, Moquet, 1880. In-8.
(Tirage à part d'un article paru dans la *Revue médicale*, brochure de 13 pages.)

Notes sur les Lettres de Cicéron. — Paris, Firmin-Didot, 1882.
(De la collection des auteurs latins, publiée sous la direction de Désiré Nisard; fascicule de 240 pages.)

Une lettre de Guy Patin à Jean Beverwick, médecin hollandais, et réponse de ce médecin. — Paris, Chaix, 1883, In-8.
(Brochure de 23 pages. « Je dois, dit l'auteur, à l'amitié et à l'obligeance du savant docteur Cusco, à ce bibliophile délicat et d'un goût fin, la communication des deux lettres qui suivent. »)

Guillaume du Tillot. Un valet ministre et secrétaire d'État, épisode de l'histoire de France en Italie de 1749 à 1771. — Paris, Ollendorff, 1887, In-12.

(C'est, avec d'importants développements, le travail publié, en 1879, dans la *Revue de France.*)

Venance Fortunat, poésies mêlées, traduites en français pour la première fois par M. Charles Nisard, membre de l'Institut, avec la collaboration pour les Livres I à V, de M. Eugène Rittier, professeur au Lycée Saint-Louis. — Paris, Firmin-Didot, 1887.

(De la collection des auteurs latins publiée sous la direction de Désiré Nisard.)

Des poésies de Sainte Radegonde attribuées jusqu'ici à Fortunat. — 1888. In-8.

(Tirage à part d'un article de la *Revue historique,* brochure de 9 pages.

Des rapports d'intimité entre Fortunat, Sainte Radegonde et l'abbesse Agnès. — Paris, Imprimerie nationale, 1889. In-8.

(Extrait des *Comptes rendus de l'Académie des Inscriptions et Belles-Lettres;* brochure de 24 pages.)

Deux ouvrages manquent à cette liste, deux ouvrages considérables qui ont pendant de longues années occupé Charles Nisard. Ils ont été détruits l'un et l'autre en manuscrit, le premier, en 1848 et le second en 1871. Nous laisserons l'auteur raconter ces douloureux épisodes de sa vie d'homme de lettres.

« On connaît, écrivait-il, dans la Préface du *Triumvirat littéraire*, la collection des classiques latins publiés, avec la traduction française, par Dubochet, sous la direction de M. Désiré Nisard, professeur au Collège de France, etc., etc. Ayant été moi-même un des plus modestes, et peut-être un des plus laborieux ouvriers dans l'exécution de cette magnifique entreprise, j'eus tout à coup l'ambition d'y figurer à un autre titre que celui de simple traducteur. A cet effet, je conçus l'idée de composer un index historique et géographique, latin-français, formé de tous les noms des personnages et des lieux dont il est parlé dans tous les auteurs indistinctement de la collection, et destiné à faire corps avec elle et à la compléter. Encouragé, soutenu et éclairé par mon frère, je me mis à l'œuvre, et au bout de neuf ou dix ans, j'étais arrivé aux trois quarts de l'ouvrage.

» ... Je ne crois pas qu'il soit nécessaire d'insister davantage sur ce travail pour qu'on en comprenne l'énormité. Les seize premières lettres de l'alphabet étaient remplies et mises au net; les faits relatifs aux autres lettres étaient colligés et il ne me restait plus qu'à les classer; chaque lettre terminée était soigneusement recouverte d'une enveloppe de papier, ficelée et cachetée; il y avait plus de neuf ans que je préparais et exécutais cette besogne; ma santé s'y était gravement altérée. Néanmoins je persistais. »

Ces manuscrits étaient renfermés dans une armoire du bureau que Charles Nisard occupait aux Tuileries, comme employé de la liste civile. Voici ce qu'il en advint :

« Or, le 24 février, j'étais à mon poste où j'avais même passé la nuit du 23 au 24. L'intelligente bourgeoisie de Paris, shakos et bonnets à poil, *Tros Rutulus ve,* la garde nationale enfin, puisqu'il faut l'appeler par son nom, faisait retentir les échos d'alentour du spirituel cri de : *Vive la Réforme!* elle ne dédaignait même pas de se livrer de temps en temps à des lazzis du goût le plus fin sur ce vieux bonhomme de roi, désormais contraint, disait-elle, avec cette rare prévoyance qui caractérise ses jugements, de nous donner l'adjonction des capacités. Il nous la donna, en effet, comme chacun sait, et même quelque chose de plus. Heureuse et fière, la garde nationale rentra dans ses quartiers.

» Cependant, quelques amateurs, armés de fusils, de tromblons et d'escopettes, arrivaient au pas de course sur les Tuileries, déterminés à s'y rafraîchir un peu, après s'être divertis à égorger quelques couples de municipaux, sur la place du Palais-Royal. Ils forcent le guichet de l'Échelle; *fit via vi, rumpunt aditus*, envahissent la cour, escaladent les fenêtres et remplissent les appartements. Aussitôt volent dans la cour des shakos, des buffleteries, des épaulettes, des uniformes. C'est la dépouille des gardes municipaux trouvés dans le salon de la Paix, les uns saintement égorgés, les autres épargnés par oubli. On fait un amas de tous ces objets et on y met le feu.

» Le trop plein de cette foule, repoussé des grands appartements, se déverse dans les autres parties du palais, et reflue vers mon bureau. A tout événement, je mets dans ma poche le manuscrit du livre que voici : *le Triumvirat*, et j'attends. Cinq minutes ne se sont pas écoulées que je suis pris d'assaut. Je crois que la rage de détruire et sans doute aussi l'impatience de faire sa main qui poussaient alors ces estimables citoyens hors des voies de leur modération naturelle, les empêchèrent de m'apercevoir en entrant. Ils courent aux meubles d'abord, les ouvrent ou les enfoncent et mettent avec respect dans leurs poches, pour les restituer ultérieurement à la nation, les objets qu'ils pensent devoir lui être agréables. Tout à coup, le sac commence. Glaces, meubles, pendules, en un clin d'œil, tout est brisé, réduit en allumettes et lancé par la fenêtre.

» Entre temps, je m'esquive. Dans la cour, je me mêle à quelques spectateurs, qui ramassent les projectiles pour en alimenter un immense feu de joie; je les regarde faire, non sans songer comment je pourrai les attendrir, quand le moment viendra où mes livres et mes pauvres manuscrits feront le saut périlleux. Soudain, un livre vole, puis dix, puis vingt; les manuscrits de l'index suivent incontinent, lesquels retombent d'autant mieux dans le gouffre enflammé, que les mains qui les jettent n'ont pas même pris peine de délier les paquets et qu'elles se disputent entre elles, comme des discoboles, à qui sera le plus adroit, le plus prompt à toucher le but.

» Les seize paquets y passèrent et comme je balbutiais, je me trompe, comme je ruminais une timide observation, un de ceux qui attisaient le feu me fit l'honneur de me demander si j'étais jaloux d'aller faire compagnie à mes manuscrits. »

Charles Nisard ne fut point tenté de recommencer ce travail et personne ne l'a entrepris après lui.

En 1871, autre révolution, autre incendie, autre ouvrage brûlé en manuscrit. La Préface de l'*Étude sur le langage populaire ou patois de Paris* nous apprend ce que devait être cet ouvrage et comment il a péri :

« Cette étude devait servir de complément à un Dictionnaire du patois de Paris et de la banlieue, destiné à faire partie de l'*Histoire générale de la ville de Paris,* entreprise par M. le baron Haussmann, et dont une dizaine de volumes ont été publiés. Le manuscrit du Dictionnaire était déposé au bureau des Travaux historiques, à l'Hôtel de Ville, attendant l'impression, lorsqu'il périt tout entier dans l'incendie d'une des annexes de ce monument, au mois de mai 1871. Il y avait sept ans que j'y donnais tous mes soins. Aurai-je le temps de le refaire? Je l'essaierai du moins, si Dieu me prête vie. »

Il ne le refit pas; il n'en refit du moins qu'une très petite partie qui a formé les *Parisianismes.*

« Parmi trois ou quatre mille mots et locutions,

lisons-nous dans la Préface de cet ouvrage, dont j'ai encore les fiches, mais sans explications malheureusement et sans indications d'exemples à l'appui, j'ai fait choix d'un certain nombre de ceux qui sont les plus curieux et qui, pour la plupart, sont de purs parisianismes; je les ai expliqués de nouveau, j'en ai recherché les exemples dans les auteurs que j'avais pris soin de coter sur mes fiches, et dans cet état, je les livre au public comme un échantillon du Dictionnaire que le pétrole a dévoré. »

FIN

TABLE

Paris. Gauthier-Villars et fils, Quai des Grands-Augustins, 55.

www.ingramcontent.com/pod-product-compliance
Ingram Content Group UK Ltd.
Pitfield, Milton Keynes, MK11 3LW, UK
UKHW020549180726
13838UKWH00001B/125

9 782329 286211